ÖKOLOGISCH GÄRTNERN

Grünes
Garten
Wissen

ÖKOLOGISCH
GÄRTNERN

DK

INHALT

Zierlauch ist bei Bienen und Schmetterlingen beliebt. Wer es in seinen Garten pflanzt, fördert die für die Bestäubung wichtigen Insekten, die in der Natur durch das Schwinden von Lebensräumen und den Klimawandel bedroht sind.

BIOGÄRTEN GESTALTEN

Es ist ganz leicht, einen Garten anzulegen, der gut für den Planeten und die Tier- und Pflanzenwelt ist, vorausgesetzt man weiß, wie es geht. Bäume, Sträucher, Blüh- und Nutzpflanzen mildern die Effekte des Klimawandels, verbesssern die Luft und schaffen Lebensräume für eine Vielzahl von Lebewesen. Auch das biologische Gärtnern und Gartenteiche oder Wasserflächen fördern Leben im Garten. Und wer Gartenmöbel und Accessoires aus nachhaltigen Materialien wählt, verringert seine negative Umweltbilanz noch mehr.

EINE BESSERE WELT PFLANZEN

Instinktiv spüren wir, dass Gärten uns glücklicher und gesünder machen. Auch aktuelle wissenschaftliche Studien bestätigen diese und viele weitere positive Wirkungen. Gärtnern verbessert unsere geistige und körperliche Gesundheit und steigert zugleich die Artenviefalt, wenn wir vielen Tieren und Pflanzen einen Lebensraum schaffen. Bäume und Sträucher auf unseren Grundstücken verbessern die Luft und filtern Treibhausgase heraus, die zum Klimawandel beitragen. Die gute Nachricht ist: Selbst kleine Veränderungen im Garten helfen, unseren Planeten für alle zu einem besseren Ort zu machen.

Laubbäume und andere Pflanzen nehmen Kohlendioxid auf, das zum Klimawandel beiträgt.

DIE LUFT REINIGEN

Weltweit plädieren Umweltschützer dafür, neue Waldgebiete anzulegen. So entstehen Lebensräume für Tiere und Pflanzen und die Auswirkungen des Klimawandels werden gemildert, weil Wälder das Treibhausgas Kohlendioxid (CO_2) speichern. Würde jeder von uns nur einen Baum in seinen Garten pflanzen, hätte das eine große Wirkung auf die globale Erderwärmung. Denn aktuelle Forschungen haben gezeigt, dass kleine Laubbaum-Gruppen in kühlen und gemäßigten Klimazonen die Temperaturen besser absenken als dichte Wälder. Werden sie mit Sträuchern und Blühpflanzen kombiniert, steigert sich der Effekt, denn einige von ihnen binden weitere Luftschadstoffe.

VIELFALT ZÄHLT

Jede der unzähligen Pflanzenarten, die es auf der Erde gibt, bildet einen winzigen Mikrokosmos des Lebens, der Insekten, Vögel und andere Tiere (und Menschen) ernährt. Klar unterstützen Bäume und Sträucher mehr Lebewesen als kleinere Arten, aber jede Pflanze ist Teil des Ganzen. Um den Lebewesen in Ihrem Umfeld möglichst viel Gutes zu tun, bauen Sie Nisthilfen für Vögel, Amphibien, Bienen und andere Bestäuber, aber denken Sie auch an die Mikroorganismen, die im Boden leben. Durch städtisches Wachstum verlieren Wildpflanzen Lebensräume. Pflanzen Sie eine große Vielfalt heimischer Wildfauna in den Garten, um ihren Bestand zu sichern.

Eine bunte Mischung verschiedener Arten bietet vielen Tieren Lebensraum.

Manche Pflanzen gedeihen im Garten fast überall, selbst im Schatten von Laub oder Bänken.

LÜCKEN FÜLLEN

Um einer großen Pflanzenvielfalt Heimat zu geben, brauchen Sie keinen großen Garten. Bepflanzen Sie einfach jeden Winkel und jede Ritze. Sie werden überrascht sein, wie viele Tiere Ihren Garten dann bewohnen. Lassen Sie einen Teil des Rasens lang werden, damit Insekten sich in Gräsern und Wildblumen ansiedeln. Begrünte Dächer sowie Efeu oder andere Kletterpflanzen an den Wänden isolieren, sparen Heizkosten und dienen als Lebensraum für Tiere. Füllen Sie die Fugen in Pflasterflächen mit Pflanzen statt mit Mörtel und es werden Insekten einziehen. Setzen Sie Schattenstauden unter Bänke. Leere Flächen füllt die Natur – kommen Sie ihr zuvor und setzten Sie nützliche Pflanzen!

FRUCHTBARE IDEEN

Der Anbau von Obst und Gemüse im eigenen Garten spart Transportwege und verringert so den ökologischen Fußabdruck. Essbares anzubauen macht Spaß. In kleinen Gärten wird man nicht das ganze Jahr über etwas ernten können, aber schon ein paar Töpfe mit Salat und Erdbeeren oder Hängeampeln mit Cherrytomaten erweitern den Speiseplan.

Cherrytomaten in Ampeln sind schöne und essbare Gestaltungselemente.

WINTERHÄRTE

Um sicherzugehen, dass Ihre Pflanzen gedeihen, wählen Sie Arten, die zu den Lichtverhältnissen, zum Boden und zum regionalen Klima passen. Das Ergebnis sind gesunde Pflanzen, die widerstandsfähig gegen Schädlinge und Krankheiten sind, und nicht mit Kunstdüngern gestärkt werden müssen. Die Winterhärte gibt die niedrigste Temperatur an, die eine Pflanze übersteht. Das ist vor allem dann wichtig, wenn sie das ganze Jahr im Freien verbringen soll. In den Pflanzenprofilen in diesem Buch ist die Winterhärte angegeben.

WINTERFEST So werden Pflanzen bezeichnet, die Temperaturen unter -15° C ohne Schutz vertragen.

FROSTHART Einige Pflanzen vertragen Frost, aber nicht in der Kombination mit Feuchtigkeit. Sie brauchen im Winter einen Schutz gegen Nässe.

BEDINGT WINTERHART Solche Pflanzen halten über sehr kurze Zeiträume leichtem Frost stand. Viele Gewächse aus dem Mittelmeerraum werden so eingestuft. In kühlen Regionen oder wenn längere Kälteperioden anstehen, müssen sie frostfrei stehen.

NICHT WINTERHART Nicht winterharte Pflanzen sterben im Winter ab. Einjährige Blumen, die meisten Balkonpflanzen und Pflanzen aus den Tropen gehören dazu. Manche von ihnen bilden jedoch Samen, die unsere Winter überstehen und im Frühjahr wieder keimen.

Rudbeckia laciniata ist winterhart und braucht sonnige, aber feuchte Standorte.

NACHHALTIG GÄRTNERN

Das Mantra eines jeden Biogärtners ist es, Dinge und Materialien wiederzuverwenden oder aufzuarbeiten, statt sie neu zu kaufen. Und dies ist auf viele kreative Arten möglich, sei es Lebensmittelverpackungen zum Aussäen und Pflanzen zu nutzen oder Gartenmöbel gebraucht zu kaufen oder sie selbst zu bauen. Auf Plastik zu verzichten, ist eine Herausforderung, aber der Trend zu Anzuchtschalen und Töpfen aus biologisch abbaubaren Materialien hilft, sie zu meistern. Überlegen Sie stets, bevor Sie etwas Neues kaufen, ob es eine nachhaltige Alternative zur Gartenverschönerung gibt.

EINE ZWEITES LEBEN

Wenn Sie auf der Suche nach Anzuchtschalen und Töpfen sind, kann der Blick in den Küchenschrank sehr inspirierend sein. Konservendosen, alte Keksdosen und Kunststoffbehälter, die sonst im Müll landen, sind im Garten noch zu gebrauchen. Dort bekommen sie eine zweite Chance und landen nicht, wie 75 Prozent der wiederverwertbaren Kunststoffe, auf der Deponie oder in der Müllverbrennungsanlage. Besorgen Sie Ihre Gartengeräte und -möbel lieber secondhand, als sie neu zu kaufen. Holz und Metall sind sehr haltbar. Und selbst wenn Sie nicht wissen, ob sie aus nachhaltiger Produktion stammen, verringert eine Weiterverwendung das Müllaufkommen und vermindert das Anwachsen der Deponien.

Ein alter Topf kann als Pflanzgefäß modernen Retro-Schick ausstrahlen.

Alte Tische und Stühle sehen auf einer Wildblumenwiese wunderschön aus, selbst wenn ihre Kombination vermeintlich ein Stilbruch ist.

Kompostierbare Töpfe aus Zeitungen und Zeitschriften sind bestens für die Gemüseanzucht geeignet und zersetzen sich im Boden schnell.

WASSER SPAREN

Das Sammeln und Verwenden von Regenwasser ist ein absolutes Muss für Biogärtner. Es spart Trinkwasser, das auf Kosten der Umwelt aufwändig aufbereitet werden muss, und ist besser für die Pflanzen und die Lebewesen in Teichen. Regentonnen eignen sich zum Auffangen von Regenwasser von den Dachflächen von Wohnhaus, Geräteschuppen und anderen Gebäuden. Wie man diese sehr ökologischen Behälter am besten anschließt und welche weiteren Möglichkeiten es gibt, Wasser zu sparen, ist auf S. 98–101 beschrieben.

Hohe, schmale Regentonnen benötigen nur wenig Platz.

MÖGLICHST WENIG MÜLL ERZEUGEN

Die Gartenbranche bietet viele Produkte aus Plastik oder anderen nicht abbaubaren Materialien. Kunststoff wiederzuverwenden ist umweltfreundlicher, als ihn zu entsorgen. Je nach Kunststoffart (S. 80) ist es oft der einzige Weg, zu verhindern, dass er auf Deponien landet oder verbrannt wird. Wenn Sie etwas neu kaufen, wählen Sie Produkte aus wiederverwertbaren Materialien wie Holz, Bambus, Wolle oder Pflanzenfasern. Viele Metallteile, die im Garten zum Einsatz kommen, sind zwar nicht biologisch abbaubar, können aber mehrmals recycelt werden. Qualitativ Hochwertiges zu kaufen lohnt sich, denn es hält lange. Gute Gartengeräte halten oft ein Leben lang, und man kann sie sogar vererben.

RECYCLING UND UPCYCLING

Alte Brettern, Backsteine und andere Baumaterialien können zu Bodenbelägen, Mauern, Zäunen und Pergolas werden. Ihr Vorleben hat ihnen zu einer Patina verholfen, mit der sie bestens in jeden Garten passen. Abbruch- und Verwertungsunternehmen bieten eine große Auswahl an. Sie können sich auch alte Möbel oder Dekorationselemente von einem Handwerker in Ihrer Nähe ganz nach ihren Vorstellungen aufarbeiten lassen. Lokale Kleinanzeigenseiten sind ebenfalls eine gute Quelle. Prüfen Sie bei Holz aber, ob es mit Teeröl oder chromathaltigen Lacken behandelt wurde, denn sie sind für Tiere, Pflanzen und Menschen gesundheitsschädlich. Im Kapitel »Verringern & wiederverwerten« (S. 80–91) finden Sie weitere Tipps, wie Sie alten Materialien neues Leben geben können.

Aufgearbeitete Baumscheiben bilden hier einen Weg in rustikalem Stil.

GÄRTEN FÜR TIERE

Tiere aller Arten sind durch den Klimawandel, das Schwinden von Lebensräumen und den Einsatz von Pflanzenschutzmitteln bedroht. Aber mit der entsprechenden Gartengestaltung können wir Vögeln, Insekten, Amphibien und Kleinsäugern helfen. Pollen- und nektarreiche Blüten sowie fruchttragende Bäume und Sträucher bieten Nahrung. Immergrüne Pflanzen schützen vor Feinden und Kälte.

In dicht bepflanzten Beeten finden Tiere Zuflucht.

EIN HEIM FÜR INSEKTEN

Aktuelle Untersuchungen zeigen weltweit einen beunruhigenden Rückgang der Insektenpopulationen. Neben Bienen sind etliche weitere Arten als gefährdet gelistet oder fast ausgestorben. Über 95 Prozent aller Tiere sind Insekten, und wir sind von ihnen abhängig. Sie bestäuben Nutzpflanzen, sind Nahrung für Vögel und andere Kleintiere und wandeln totes Pflanzenmaterial in Humus um, wobei Nährstoffe frei werden, die die Pflanzen zum Wachsen benötigen. Jeder von uns kann dazu beitragen, Insekten Lebensräume zu schaffen. Eine Möglichkeit ist das Pflanzen pollen- und nektarreicher Arten. Manche Insekten brauchen bestimmte Pflanzenarten als Nahrungsquelle. Ein ideales Habitat besteht daher aus einer Vielzahl an Bäumen, Sträuchern und Stauden sowie freien Flächen, wo Wildpflanzen wachsen können. Mehr dazu finden Sie auf S. 122–133.

Pflanzen, die Bestäuber anziehen, lassen die Populationen wieder wachsen.

WASSERWELTEN

Eine der besten Möglichkeiten, verschiedene Tierarten in den Garten zu locken, ist das Element Wasser. Ein Teich zieht viele Arten an, von winzigen Käfern bis zu Fledermäusen und Vögeln. Gewässer sind außerdem Lebensräume für Wasserpflanzen und -tiere. Haben Sie passende Pflanzen eingesetzt, kommen Frösche, Kröten und andere Amphibien sowie die Wasserinsekten ganz von selbst. In kleinen Gärten können Sie Wasser integrieren, indem Sie eine Vogeltränke oder eine flache, wassergefüllte Schale aufstellen. Nutzen Sie unsere Ideen für große und kleine Gärten auf den Seiten 28–29 und 116–119.

Ein Teich mit Sumpfbeet bietet Amphibien und Wasserinsekten Lebensraum und Nahrung.

Die Kätzchen von Birken werden von Insekten wie Schildwanzen gefressen.

HOCH HINAUS

Nur wenige Pflanzen sind so nützlich für die Tierwelt wie Bäume. Sie bieten im Frühjahr Nektar und Nistmöglichkeiten, wenn Vögel auf der Suche nach einem sicheren Platz sind. Laub und Früchte dienen Kleinsäugern und Vögeln als Nahrung. Sträucher und Hecken haben die gleiche Wirkung. Seite an Seite gepflanzt, ergeben sich vielfältige Lebensräume. Auf S. 18–19 finden Sie Hinweise zur Auswahl und zum Pflanzen von Bäumen und auf S. 34–37 erfahren Sie, welche Bäume sich für kleine Gärten eignen.

WILD AUF NATUR

Tieren etwas Gutes zu tun, geht oft damit einher, weniger im Garten zu arbeiten. Einfacher als Herbstlaub und Gehölzschnitt in einer versteckten Ecke liegen zu lassen, geht es nicht. Diese Haufen bieten Überwinterungsmöglichkeiten für Winterschläfer und Insekten, die sich von dem verwitternden Holz ernähren. Lassen Sie auf einem Beet Unkraut wie etwa Brennnesseln wachsen. Sie dienen vielen Schmetterlingen als Nahrung. Im Spätsommer und Herbst lassen Sie Fallobst liegen, das ihnen wertvolle Nahrung liefert. Auch der Verzicht auf Pflanzenschutzmittel macht den Garten vielfältiger. Es leben dort mehr Insekten und die Luft wird weniger verschmutzt. Wissenschaftler fanden heraus, dass Partikel von Pflanzenschutzmitteln durch Wind in weniger als einer Woche aus Asien an die Westküste der USA gelangt waren. Auch wenn Privatgärtner kleinere Mengen verwenden, können in der Summe große Schäden entstehen.

Totholzhaufen dienen Kleintieren und Amphibien in der Winterstarre Schutz.

Eine dichte Bepflanzung mit unterschiedlichen Arten, von Bäumen bis zu Bodendeckern und Wasserpflanzen, hilft Kohlendioxid aus der Atmosphäre zu filtern. Zudem bietet sie Tieren Lebensräume und Nahrung.

DEN PLANETEN HEILEN

Jeder Hobbygärtner kann seinen Teil dazu beitragen, die Umweltverschmutzung zu verringern. Die Pflanzen in unseren Gärten nehmen Kohlendioxid auf, eines der Treibhausgase, die für die Erderwärmung verantwortlich sind. Bäume und Sträucher binden Feinstaub, was vor allem in dicht bebauten Städten wichtig ist. Alle Pflanzen verhindern Überschwemmungen, bei denen Giftstoffe in Flüsse und Ozeane gelangen können. Dieses Kapitel weist Wege auf, im eigenen Garten mit der Heilung des Planeten zu beginnen.

WIE BÄUME DAS KLIMA BEEINFLUSSEN

Bäume schützen unseren Planeten gleich mehrfach. Sie nehmen Kohlendioxid (CO_2) auf, das Treibhausgas, das durch die Nutzung fossiler Brennstoffe entsteht und die globale Erderwärmung verursacht. Zudem reichern Bäume die Luft mit Sauerstoff an und regulieren das Kleinklima. Sie halten Häuser im Winter wärmer und im Sommer kühler. So werden Heizung und Klimaanlagen weniger gebraucht.

Bäume im Garten reduzieren die Luftverschmutzung.

Weißdorn (*Crataegus*) hilft, die Auswirkungen des Klimawandels zu mildern und bietet Insekten und Vögeln Nahrung und Schutz.

BÄUME SPEICHERN KOHLENSTOFF

Bäume und andere Pflanzen nehmen Kohlendioxid (CO_2) auf und bauen es durch die Fotosynthese in Nahrung um. Bei diesem Prozess wandeln Pflanzenzellen den Kohlenstoff aus der Kohlendioxidverbindung in Zucker um, den sie in Blättern, Wurzeln und Trieben speichern und für ihr Wachstum nutzen. Als Nebenprodukt geben Pflanzen Sauerstoff in die Atmosphäre ab. Von diesem Kreislauf hängt alles Leben auf der Erde ab.

Bäume nehmen mehr CO_2 auf, weil sie größer sind als andere Pflanzen. Das macht sie für den Kampf gegen den Klimawandel so wichtig. Durch die Zerstörung von Wäldern weltweit und unsere Abhängigkeit von fossilen Brennstoffen werden große Kohlendioxidmengen freigesetzt. Durch sie entsteht der Treibhauseffekt, der zur Erderwärmung führt. Neue Forschungen zeigen, dass die Zusammenhänge komplex sind. Bäume nehmen Sonnenlicht auf und geben chemische Verbindungen ab, die sowohl kühlend als auch wärmend auf die Atmosphäre wirken. Die Experten sind sich aber einig, dass Bäume alles in allem den CO_2-Gehalt senken und den Effekt des Treibhausgases abmildern.

BÄUME ALS TEMPERATURREGLER

Bäume helfen indirekt, Temperaturen zu senken, denn sie wirken ausgleichend auf ihre Umgebung. Ihre Kronen werfen Schatten, der spürbar kühlt. Außerdem saugen Bäume mit ihren Wurzeln Wasser aus dem Boden und geben es über ihre Blätter und Triebe wieder an die Luft ab. Diese Evapotranspiration führt ebenfalls zur Abkühlung der Luft.

Die Wirkung, die Bäume auf die Luftqualität haben, wird inzwischen auch von Stadtplanern berücksichtigt. Studien aus Atlanta (USA) zeigen, dass gepflasterte Stadtzentren 2,6–4,3 °C wärmer sind als Vororte mit Alleebäumen entlang der Straßen. Dieser Wärmeinseleffekt entsteht durch fehlende Bepflanzung, Wärmeabgabe von Gebäuden und die dunkle Farbe des Asphalts, der Wärme speichert.

Im Gegensatz dazu bieten Laubbäume auch auf dem Land an windreichen Stellen Schutz: Im Winter kühlen die Häuser weniger aus, denn die blattlosen Kronen lassen die Sonne zum Fenster hinein, während die Stämme scharfen Wind abhalten. Indem Bäume in unmittelbarer Nähe Häuser im Sommer kühlen und im Winter wärmen, reduzieren sie den Energieverbrauch und die Umweltverschmutzung, die durch Heizungen und Klimaanlagen entstehen.

TOP TIPP Pflanzen Sie einen Laubbaum vor ein Südfenster. Das Blätterdach kühlt das Haus im Sommer und im Winter lassen die unbelaubten Zweige wärmende Sonnenstrahlen durch. So brauchen Sie Ihre Räume im Sommer weniger mit der Klimaanlage zu kühlen und müssen im Winter weniger heizen.

Die Schwarznuss (*Juglans nigra*) ist ein großer Baum mit attraktivem Laub.

Die Baumreihen entlang der Pariser Boulevards senken die Temperaturen.

NAHRUNGSLIEFERANTEN

Obst, Früchte und Nüsse anzubauen senkt den CO_2-Ausstoß, indem Lebensmittel mit sehr kleinem CO_2-Fußabdruck erzeugt werden. Für kleine Gärten gibt es entsprechende Wuchsformen, die die gleichen positiven Effekte haben. Manche tragen sogar mehrere Apfel- oder Birnensorten auf einem Baum. Bäume sind außerdem ein wichtiger Lebensraum für viele Tiere. Sie bieten im Frühjahr Insekten Nahrung, im Herbst Vögeln und Schmetterlingen. Mehr dazu finden Sie auf S. 18–19.

Apfelbäume bieten Mensch und Tier reichlich Nahrung.

BÄUME AUSWÄHLEN UND PFLANZEN

Es gibt für jeden Garten den passenden Baum, egal ob es ein kleiner Hinterhof, ein Hausgarten oder mehrere Hektar Land sind. Überlegen Sie sich vor dem Kauf, welche Art von Baum Ihnen gefällt. Prüfen Sie auch, ob Standort, Boden und der Platz, der Ihnen zur Verfügung steht, für sein gesundes Wachstum förderlich sind. Folgende Tipps verraten, wie Sie Ihrem Baum zu einem guten Start verhelfen.

Die Traubeneiche *(Quercus petraea)* ist ein Lebensraum für über 250 Insektenarten. Reichlich Nahrung für Vögel!

BÄUME AUSWÄHLEN

Der erste Schritt gilt der Suche nach dem Grundstück und dem zum Boden passenden Baum (S. 40–41). Achten Sie darauf, wie groß und breit der Baum später wird. Haben Sie genug Platz? Obstgehölze werden oft mit verschiedenen Unterlagen angeboten, die Einfluss auf die Größe haben. Also finden Sie gewiss das Richtige für Ihren Garten. Ist die gewählte Art nicht selbstbefruchtend, müssen Sie noch einen passenden Partner pflanzen.

In kleinen Gärten ist Ahorn auch in Pflanzkübeln attraktiv.

STANDORT AUSWÄHLEN

Jeder Baum, auch ein kleiner, wirft Schatten. Schauen Sie, wo und wann Ihr Garten in der Sonne liegt (S. 41) und stellen Sie eine Leiter oder etwas anderes Hohes an die Stelle, wo Sie den Baum pflanzen möchten. Dann sehen Sie, wo im Tagesverlauf Schatten ensteht. Ein Baum, der die Terrasse teilweise beschattet, kann sinnvoll sein. Ein großer Baum, der einen ganzen Bereich verdunkelt, begrenzt die Auswahl der anderen Pflanzen. Setzen Sie Bäume

Mahagoni-Kirsche (*Prunus serrula*) blüht weiß und hat eine dekorative Rinde.

Ein gut platzierter Baum spendet der Sitzecke Schatten und schützt vor den Blicken der Nachbarn.

nicht zu nah ans Haus. Ihr Wurzelsystem ist in etwa so breit wie ihre Krone. Ein Baum, der 3 m hoch wird, sollte 4–5 m vom Haus entfernt gepflanzt werden.

Halten Sie außerdem Abstand zur Grundstücksgrenze, denn im Schutz von Mauern und Zäunen kann es sehr trocken werden, und dann wachsen Gehölze nicht gut. Wenn die Baumkrone später in den Nachbargarten ragt, kann es Ärger geben. Idealerweise pflanzt man Bäume etwa eine halbe Kronenbreite von der Grundstücksgrenze entfernt. Achten Sie auch darauf, dass Ihr Baum keinen Schatten in den Nachbargarten wirft. In der Nähe Ihrer Sitzecken sind Bäume ein guter Blickschutz (siehe Abbildung oben).

BÄUME PFLANZEN

1 Stellen Sie den Baum mit Topf eine Stunde in einen Eimer mit Wasser. Während der Ballen sich vollsaugt, graben Sie ein Loch, das dreimal so breit und genauso tief wie der Topf ist. Lockern Sie die Ränder.

2 Stellen Sie den Baum in das Pflanzloch und prüfen Sie mit einem Stock, dass das obere Ende des Wurzelballens auf Bodenhöhe oder ein wenig tiefer in der Erde steht.

3 Entfernen Sie den Topf und lockern Sie mit den Fingern die eingedrehten Wurzeln am Rand des Ballens. Setzen Sie den Baum in das Pflanzloch.

4 Füllen Sie das Pflanzloch mit Erde auf und drücken Sie diese vorsichtig mit dem Fuß fest. Gießen Sie gut an. Füllen Sie eine 5–7,5 cm dicke Schicht Rindenmulch oder reifen Kompost als Mulch über den Wurzelballen. Lassen Sie um den Stamm 10 cm ungemulcht.

5 Große Bäume benötigen eine Stütze. Schlagen Sie auf der windabgewandten Seite einen Pfahl mit einer Neigung von 45 Grad in den Boden. Binden Sie den Baum an den Pfahl.

6 In den ersten 3–5 Jahren nach dem Pflanzen gießen Sie den Baum in Trockenperioden, damit sich das Wurzelsystem gut entwickelt. Gießen Sie ein bis zweimal pro Woche so reichlich, dass das Wasser zu den tieferen Wurzeln gelangt. Wenn Sie öfter, aber in kleineren Mengen gießen, kann es sein, dass der Baum nur im oberen Erdreich gut wurzelt.

GUT ZU WISSEN

- Die beste Pflanzzeit für Bäume ist Mitte bis Ende Herbst.
- Pflanzen Sie nicht bei Staunässe oder gefrorenem Boden.
- Lockern Sie das Bindematerial, wenn der Stamm dicker wird.
- Entfernen Sie den Pfahl nach 2–3 Jahren, wenn das Wurzelsystem voll entwickelt ist.

1

2

3

4

5

6

WALDGÄRTEN ANLEGEN

Pflanzen, die unter Bäumen wachsen, bilden eine wertvolle Vegetationsschicht, die für die Verringerung von Luftverschmutzung und CO_2-Gehalt eine wichtige Rolle spielt. Laub und Blüten bieten zudem Lebensraum für Tiere und Bestäuber. Zur Inspiration für eine naturnahe Gartenbepflanzung besuchen Sie Laubwälder zu verschiedenen Jahreszeiten und schauen Sie sich Ihren Pflanzenteppich von der Natur ab.

VORTEILE EINES WALDGARTENS

Alle blattgrünen Pflanzen können Kohlenstoff in Form von Kohlendioxid (CO_2) aus der Atmosphäre aufnehmen und es durch Fotosynthese in Nährstoffe umwandeln (S. 16). Bäume nehmen mehr auf als kleinere Pflanzen, aber eine dichte Unterpflanzung ergänzt und verstärkt die positive Wirkung. Einige Studien zeigen, dass Pflanzenteppiche außerhalb der Tropenregionen genausoviel oder mehr zum Aufhalten des Klimawandels beitragen wie Bäume.

Die Unterpflanzung von Bäumen spielt außerdem eine wichtige Rolle für die Entwicklung eines nachhaltigen Waldökosystems. Die Pflanzenwurzeln und das Laub verhindern Bodenerosion. So sind die Bäume vor Stürmen und Trockenheit geschützt. Außerdem nehmen die Pflanzen Nährstoffe auf, die durch verrottendes Baumlaub verfügbar werden. Sind solche Pflanzengesellschaften eingewachsen, müssen sie also nicht mehr gedüngt werden. Sowohl der Baum als auch die Pflanzen darunter bilden eine isolierende Decke, die Insekten, Würmern, Bodenorganismen und Kleintieren Nahrung bietet.

Im Unterholz gedeihen hier schattenverträgliche Arten wie Kälberkropf (*Chaerophyllum*), Rote Lichtnelke und Farne.

Taubnessel, Storchschnabel und Elfenblume gedeihen im Halbschatten.

IN SCHICHTEN PFLANZEN

Schauen Sie der Natur ab, was unter Bäumen gut gedeiht. Am Boden von Laubwäldern wachsen Pflanzen, die an die wechselnden Lichtverhältnisse angepasst sind. Sträucher wie Schneeball, Mahonie oder Fleischbeere (*Sarcococca confusa*) blühen mit Schneeglöckchen, Hasenglöckchen und Bärlauch im Frühjahr, wenn die Bäume noch kein Laub haben und es am hellsten ist.

Noch größer ist die Pflanzenvielfalt später im Jahr. Die Übersicht rechts oben stellt dar, welche Pflanzen im Halbschatten der Kronen gedeihen, wenn das Laub sich entfaltet hat. Setzen Sie Sträucher unter Bäume und unterpflanzen Sie diese mit Zwiebelpflanzen, Zweijährigen und Stauden.

WALDPFLANZEN FÜR GÄRTEN

STRÄUCHER

Seidelbast (*Daphne*-Arten) • Spindelstrauch (*Euonymus alatus* and *E. europaeus*) • Mahonie (*Mahonia*-Arten) • Fleischbeere (*Sarcococca confusa*) • Gewöhnlicher Schneeball (*Viburnum opulus*) • Weigelie (*Weigela*-Arten)

ZWIEBELPFLANZEN

Bärlauch (*Allium ursinum*) • Buschwindröschen (*Anemone nemorosa*) • Hundszahn (*Erythronium*) • Schneeglöckchen (*Galanthus*) • Hasenglöckchen (*Hyacinthoides non-scripta*) • Blaustern (*Scilla siberica*)

ZWEIJÄHRIGE UND STAUDEN

Kriechender Günsel (*Ajuga reptans*) • Wiesenkerbel (*Anthriscus sylvestris*) • Hirschzungenfarn (*Asplenium scolopendrium*) • Bergenie (*Bergenia*) • Fingerhut (*Digitalis purpurea*) • Echter Wurmfarn (*Dryopteris filix-mas*) • Elfenblume (*Epimedium*) • Mandelblättrige Wolfsmilch (*Euphorbia amygdaloides*) • Waldmeister (*Galium odoratum*) • Brauner Storchschnabel (*Geranium phaeum*) • Christrose (*Helleborus*) • Taubnessel (*Lamium*) • Schildfarn (*Polystichum setiferum*) • Schlüsselblume (*Primula*) • Rote Lichtnelke (*Silene dioica*) • Schaumblüte (*Tiarella cordifolia*)

Schneeglöckchen blühen, bevor die Bäume Blätter bekommen.

WALDGÄRTEN

PFLANZEN

Planen Sie sorgfältig, bevor Sie loslegen. Setzen Sie Wurmfarn, Mandelblättrige Wolfsmilch und Fleischbeere, die Trockenheit vertragen, nah an den Baum. Aber lassen sie rund um den Stamm 1–1,20 m frei. Auch Zwiebelpflanzen sollten Sie in dieser Entfernung um den Baum pflanzen. Unter guten Bedingungen breiten sie sich von selbst aus. Setzen Sie Pflanzen, die Halbschatten und feuchteren Boden vorziehen, an den Rand der Baumkrone.

Prüfen Sie zuvor, wie groß die Pflanzen werden und messen Sie die Abstände aus, sodass sich alle optimal entwickeln können. Setzen Sie sie so tief in den Boden wie sie vorher im Topf standen, und gießen Sie sie in den Monaten nach dem Pflanzen regelmäßig, damit sich die Wurzeln gut entwickeln. Manche Pflanzen wie Waldmeister oder Taubnessel bilden lange Ausläufer. Achten Sie darauf, dass sie sich nicht zu stark ausbreiten.

Pflanzen Sie mit genügend Abstand, damit sich alle Arten gut entwickeln.

FLÄCHEN

MAXIMAL NUTZEN

Setzen Sie so viele Pflanzen wie möglich in Ihren Waldgarten. Können Sie sie wegen der Baumwurzeln nicht in den Boden pflanzen, stellen Sie schattenliebende, insektenfreundliche Pflanzen wie ungefüllte Fuchsien oder Vanilleblumen in Töpfen auf.

Die Fuchsie 'Checkerboard' hat ungefüllte Blüten.

FESTE STRUKTUREN BEGRÜNEN

Nutzen Sie die positive Wirkung von Pflanzen bestmöglich, indem Sie jede Ritze und jeden Winkel Ihres Gartens bepflanzen. Begrünte Dächer und Wände bieten Tieren zusätzlichen Lebensraum. Selbst Blüten und Blätter zwischen Pflastersteinen tragen zur CO_2-Reduktion in der Atmosphäre bei. Ein Plus an Pflanzflächen schafft auch mehr Habitate, in denen Tiere Nahrung und Zuflucht finden.

IN GRÜN HÜLLEN

Neben klassischen Beeten eignen sich weitere Flächen, um noch mehr in den Garten zu pflanzen und mit Blättern und Blüten Luft- und Lebensqualität zu verbessern. Lassen Sie Ihre Hauswände und Zäune mit Kletterpflanzen beranken, die bei bestäubenden Insekten beliebt sind, wie Geißblatt (*Lonicera periclymenum*) und Blauregen (*Wisteria sinensis*). Sie eignen sich für kleine Gärten, denn sie brauchen nur wenig Grundfläche, sind aber sehr nützlich. Sie speichern Kohlenstoff (S. 16) und halten Hauswände im Sommer kühl und im Winter warm, was die Heizkosten sinken lässt. Zwischen ihren verschlungenen Zweigen und Blättern können Vögel nisten und brüten. Die Pollen ziehen nützliche Insekten an.

Aus den Rosenblüten entstehen Hagebutten, die Vögel gerne fressen.

Vielfältige Farben und Blattformen verleihen dieser Bepflanzung ihren Reiz.

WÄNDE BEGRÜNEN

Es gibt viele Möglichkeiten, an einer Wand oder einem Zaun einen vertikalen Garten zu gestalten. Am einfachsten ist das Bepflanzen von extra dafür angefertigten Pflanztaschen, die sich in der Vertikalen befestigen lassen. Begrünte Wände sind ideal, um die Artenvielfalt im Garten zu erhöhen. Sie müssen jedoch regelmäßig gegossen und gedüngt werden. Prüfen Sie also erst, ob Sie eine nachhaltige Wasserquelle und genug Zeit haben, Ihren vertikalen Garten zu pflegen. Gut geeignet sind kleine Pflanzen, die Trockenheit vertragen, wie Mauerpfeffer (*Sedum*), Grasnelke (*Armeria maritima*), Ringelblumen (*Calendula officinalis*) und Purpurglöckchen (*Heuchera*).

LÜCKEN FÜLLEN

Bepflanzen Sie auch Mauerritzen und Vertiefungen in der Mauerkrone. Farne säen sich in kühlen, dunklen Bereichen manchmal von selbst aus. Sie können etwas nachhelfen, indem Sie einen Stein aus der Mauer nehmen, die Wurzeln eines jungen Farns in lehmige Erde hüllen, die Pflanze in die Lücke setzen und vorsichtig andrücken. An sonnigen Standorten sind Hauswurz (*Sempervivum*), Mauerpfeffer (*Sedum*) und andere Sukkulenten eine gute Wahl.

Hauswurz und Mauerpfeffer können in Mauern ökologische Nischen bilden.

PFLASTER BEPFLANZEN

In fast jedem Garten gibt es befestigte Flächen, wie Terrassen und vielbegangene Wege. Auch diese können in kleine Lebensräume umgestaltet werden. Niedrige, in die Breite wachsende Pflanzen wie Thymian, Spanisches Gänseblümchen (*Erigeron karvinskianus*) und die Hängepolster-Glockenblume (*Campanula poscharskyana*) bilden schnell dichte Teppiche. Verlegen Sie die Steine mit Abstand, damit Wasser besser ablaufen kann (S. 32), und füllen Sie die Zwischenräume mit durchlässiger Erde. Setzen Sie Pflanzen hinein und mulchen Sie mit Kies.

Tiere profitieren, wenn Sie Pflanzen zwischen Steine setzen.

Für Wege ist trittfester Polsterthymian ideal.

Gestalten Sie eine Miniwiese auf einem Dach, indem Sie Gras und Wildblumen in eine Holzkiste mit nährstoffarmer Erde säen.

AUF DEM DACH

Nutzen Sie die Dachflächen von Geräteschuppen, Garage, Gartenhütte und Wohnhaus, um sie mit Mauerpfeffer, Wildblumen oder Gräsern zu begrünen. Prüfen Sie vorher, ob das Dach sich zum Bepflanzen eignet, vor allem wenn Sie Ihr Wohnhaus begrünen möchten. Lassen Sie sich in einem Fachbetrieb für Dachbegrünung beraten. Mit einem Sedumteppich lässt sich ein Dach einfach extensiv begrünen. Für Schuppen oder andere Außengebäude können Sie fertige Matten kaufen, die sich leicht auf dem Dach befestigen lassen. Für größere Pflanzen wie Wildblumen und Gräser bauen Sie eine flache Kiste auf das Dach, in die mehr Erde passt. Eine gute Drainage verhindert Staunässe.

IDEALE PFLANZEN FÜR KLEINE DÄCHER

Stachelnüsschen (*Acaena affinis*) • Grasnelke (*Armeria maritima*) • Oregano (*Origanum*) • Mauerpfeffer (*Sedum*) • Hauswurz (*Sempervivum*) • Polsterthymian (*Thymus serpyllum*)

GUT ZU WISSEN

- Prüfen Sie, ob die Statik Ihres Dachs sich für eine Dachbegrünung eignet.
- Flachdächer sollten leicht abschüssig sein, damit Wasser über Regenrinnen und Fallrohre in Regentonnen geleitet werden kann.
- Verwenden Sie eine leichte Erde, die zur Dachbegrünung passt, oder durchlässigen Sandboden.
- Wählen Sie Stauden oder Pflanzen, die niedrig bleiben und nicht wuchern.
- Lassen Sie sich von einem Fachmann beraten, wenn Sie eine Dachbegrünung für größere Projekte wie Ihr Wohnhaus planen.

MIT PFLANZEN GEGEN SCHADSTOFFE

Den Luftschadstoffen zu entkommen, die Verkehr und Industrie produzieren und die durch Städte und Straßen ziehen, ist kaum möglich. Bäume und Sträucher können uns jedoch schützen, indem sie mit ihren Blättern Feinstaub filtern. Manche Pflanzen sind effektiver als andere. Legen Sie in Ihrem Garten eine Schutzpflanzung an, wenn Sie in der Stadt oder an einer vielbefahrenen Straße wohnen.

Eine dichte Hecke filtert Schadstoffe und ist ein schöner Hintergrund für Beete.

GRÜN VERRINGERT LUFTVERSCHMUTZUNG

Die Luftverschmutzung durch Diesel- und Benzinmotoren und fossile Brennstoffe zählt zu den Ursachen vieler Erkrankungen, darunter Asthma, Krebs und Herzkrankheiten. Glücklicherweise kann das Laub von Bäumen und Sträuchern die feinen Abgaspartikel (Feinstaub) filtern. Dadurch wird die Luftqualität erhöht. Haben Sie nicht genug Platz für eine Hecke oder einen Sichtschutz, können Sie stattdessen einen Zaun mit Efeu (*Hedera helix*) beranken lassen.

Eine hohe Eibenhecke ist zum Filtern von Feinstaub sehr effektiv.

Hainbuchenhecken filtern mit ihren ovalen, gezähnten Blättern Feinstaub und schützen den Garten vor Luftverschmutzung.

EFFEKTIVE FEINSTAUBFILTER

Forschungen der britischen Royal Horticultural Society haben ergeben, dass einige Sträucher und kleinere Bäume Feinstaub effektiver filtern als andere. So können Eiben (*Taxus baccata*) viermal mehr Feinstaub filtern als Glanzmispeln (*Photinia x fraseri*), weil ihre wachsüberzogenen Nadeln ihn besser einfangen und einlagern als weiche Blätter. Pflanzen mit behaarten Blättern wie Blut-Johannisbeeren (*Ribes*) sind ebenfalls ein guter Schutz vor Luftverschmutzung, denn Haare vergrößern die Blattoberfläche und der Feinstaub sammelt sich zwischen ihnen. Studien zeigen außerdem, dass Nadelgehölze mit schuppigen Nadeln und Sträucher mit gezackten Blättern wie Hainbuche (*Carpinus betulus*) and Weißdorn (*Crataegus monogyna*) effektive Feinstaubfilter sind.

PFLANZEN, DIE FEINSTAUB AUFNEHMEN

Hecken-Berberitze (*Berberis thunbergii*) • Birke (*Betula*) • Hainbuche (*Carpinus betulus*) • Weißdorn (*Crataegus monogyna*) • Zypresse (*Cupressus*) • Spindelstrauch (*Euonymus japonicus*) • Efeu (*Hedera helix*) • Europäische Stechpalme (*Ilex aquifolium*) • Traubenkirsche (*Prunus padus*) • Feuerdorn (*Pyracantha*) • Blut-Johannisbeere (*Ribes sanguineum*) • Holunder (*Sambucus*) • Eibe (*Taxus baccata*) • Riesen-Lebensbaum (*Thuja plicata*) • Mittelmeer-Schneeball (*Viburnum tinus*)

Weißdorn (*Crataegus monogyna*) ist ein potenter Feinstaubfilter.

Das behaarte Laub der Blut-Johannisbeere (*Ribes*) bindet Schadstoffe.

EINE HECKE PFLANZEN

Eine durchlässige Hecke, durch die Luft ziehen kann, ist zum Filtern von Feinstaub am effektivsten. Wählen Sie Pflanzen von der Liste oben, die zu Ihrem Standort und Boden passen. Pflanzen Sie sie mit etwa 90 cm Abstand voneinander in ein von Unkraut, Steinen und Bauschutt befreites Beet. Gemäß Naturschutzgesetz dürfen Hecken und andere Gehölze von März bis September nur leicht geschnitten werden. Brütende Vögel sollen nicht gestört werden. Radikales Schneiden wie das Auf-den-Kopf-Setzen ist nur vom 30. September bis 28. Februar erlaubt.

Forschungen zufolge sind 2 m eine ideale Höhe für Hecken. Halten Sie sie durch Beschneiden in dieser Höhe. Immergrüne Pflanzen wie Eibe oder Stechpalme werden manchmal so dicht, dass kaum noch Luft durch die Hecke ziehen kann. Die beste Lösung ist eine Mischbepflanzung aus verschiedenen Baum- und Straucharten. Sie lässt gleichzeitig unterschiedliche Lebensräume entstehen und erhöht dadurch die Artenvielfalt.

GUT ZU WISSEN

- Prüfen Sie, ob die gewählten Gehölze zu Standort und Boden passen.
- Setzen Sie die Pflanzen mit 90 cm Abstand in das vorbereitete Beet.
- Pflanzen Sie so tief, wie die Gehölze vorher im Topf standen. Bei wurzelnackten Gehölzen orientieren Sie sich an der dunkleren Rinde kurz über dem Wurzelballen.
- Wählen Sie Pflanzen, die Tieren nutzen, weil sie pollenreiche Blüten oder Beeren für Vögel tragen.

Pflanzen Sie Hecken mit 40–45 cm Abstand von Mauern oder Zäunen.

VORTEILE EINES GARTENTEICHS

Teiche ziehen viele verschiedene Tiere an, die dort trinken oder sich im Wasser fortpflanzen. Und die Vegetation im und am Wasser erhöht die Artenvielfalt zusätzlich. Einige Fachleute meinen, dass Teiche dazu beitragen, Kohlenstoff zu binden und den Anteil dieses Elements und anderer Treibhausgase in der Luft zu verringern. Die Forschungen dazu sind allerdings noch nicht abgeschlossen.

TEICHE SIND BELEBTE ÖKOSYSTEME

Ein Teich fördert die Artenvielfalt im Garten enorm. Er erweitert das Spektrum an Pflanzen, die dort gedeihen, und bietet vielen heimischen Tiere wie Fröschen, Kröten und anderen Amphibien eine Heimat. Auch Vögel und weitere Kleintiere profitieren vom Wasser. Ist der Teich bepflanzt, finden sich verschiedene Libellenarten als Gäste ein.

Darüber hinaus sind Teiche Lebensräume für viele wesentlich kleinere Tiere, die auf oder unter der Wasseroberfläche leben. Wasserschnecken, Wasserkäfer und Wasserläufer gehören dazu und sind Teil eines gesunden Ökosystems. Es ist sogar so, dass zwei Drittel aller Süßwassertierarten von einem Gartenteich profitieren.

Je vielfältiger die Uferbepflanzung, desto mehr Arten zieht sie an.

Teiche mit guter Wasserqualität locken Libellen in den Garten.

Vögel nutzen Teiche zum Trinken und Baden und sie fangen dort Insekten.

DER TEICH ALS KOHLENSTOFFSENKE

Einige Forscher haben herausgefunden, dass Teiche den Klimwandel aufhalten können, da sie als Kohlenstoffsenken wirken. Einer Studie zufolge können sie auf kleinerer Fläche sogar mehr Kohlenstoff speichern als Wald oder Grünland. Forscher wiesen nach, dass Teiche nicht nur reicher an Tier- und Pflanzenarten sind als Bäche, Flüsse und Seen, sondern dass sie den Kohlenstoff in Sedimenten am Boden einlagern. Das Kohlendioxid (CO_2), das entsteht, wenn Mikroben Laub und abgestorbene Pflanzenteile im Teich zersetzen, wird in den Sedimenten gespeichert und nicht in die Atmosphäre abgegeben, wo es zur Klimaerwärmung beitragen würde. Auch Wasserpflanzen brauchen Kohlendioxid für die Fotosynthese (S. 16) und bauen das Treibhausgas CO_2 ab.

Eine Ufergestaltung mit naturnaher Bepflanzung fügt sich harmonisch in den Garten ein und hat positive Umwelteffekte.

In Kanada haben Forscher herausgefunden, dass Fischteiche als Senken für das Treibhausgas Stickstoffdioxid wirken. Es entsteht, wenn Nitrat aus Düngern in Wasser gelangt. Ob Teiche dabei helfen können, die Luftverschmutzung zu verringern, ist jedoch noch nicht komplett wissenschaftlich bewiesen. Andere Studien ergaben, dass Wasserflächen Treibhausgase freisetzen. Ganz sicher aber profitieren Tiere davon, wenn Sie in Ihrem Garten einen Teich anlegen.

Blätter an der Teichoberfläche sorgen für guten Sauerstoffgehalt im Wasser.

SO BLEIBT DER TEICH GESUND

Teiche sind empfindliche Ökosysteme und erfordern eine sorgfältige Planung. Geraten Nährstoffe ins Wasser, wie etwa Stickstoff aus Düngern, kann dies das chemische Gleichgewicht stören und für Algenwachstum und Sauerstoffmangel sorgen. Um das zu vermeiden, verwenden Sie keinen Dünger oder Kompost auf Flächen, von denen Nährstoffe in den Teich gespült werden könnten. Nutzen Sie zum Auffüllen wenn möglich Regenwasser statt Leitungwasser, das eventuell Chlor enthält.

Teichwasser muss einen hohen Sauerstoffgehalt haben, damit Tiere und Pflanzen darin überleben können. Mit Wasserpflanzen wie Seerosen und Sumpfpflanzen, die an die Bedingungen an den flacheren Teichrändern angepasst sind, regulieren Sie den Sauerstoffgehalt. Auch die Sonneneinstrahlung spielt eine Rolle, denn wenn Wasser sich erwärmt, sinkt sein Sauerstoffgehalt. Achten Sie darauf, dass der Teich teilweise im Schatten liegt und dadurch kühler bleibt.

Im Winter wirken Eis und Schnee als eine Decke, die tiefere Wasserzonen warm halten, sodass die Teichbewohner überleben können. Durch den Lichtmangel betreiben die Pflanzen jedoch weniger Fotosynthese. Dadurch setzen sie weniger Sauerstoff frei, was überwinternden Tieren zum Verhängnis werden kann. Entfernen Sie den Schnee, damit mehr Licht in den Teich kommt. Löcher im Eis sorgen dafür, dass die Gartentiere weiterhin trinken können.

TOP TIPP Die Temperatur und der Sauerstoffgehalt schwanken in großen Teichen mit einer Tiefwasserzone weniger. Planen Sie Ihren Teich also so groß wie möglich, damit ein Maximum an Tieren davon profitiert. Bewegtes Wasser, wie ein kleiner Wasserfall, reichert den Teich zusätzlich mit Sauerstoff an.

NATURTEICHE ANLEGEN

Als Lebensraum für Vögel, Insekten und Kleintiere ist ein Teich mit seinen bunten Blüten und Lichtreflexionen zugleich ein attraktiver Blickfang im Garten. Er lässt sich an einem Wochenende anlegen, je nach Grundstück groß oder klein. Teichränder mit sanfter Neigung oder Stufen sorgen dafür, dass Tiere leicht ins Wasser und wieder hinaus kommen. Pflanzen bieten Schutz vor Fressfeinden. Füllen Sie den Teich mit Wasser aus einer Regentonne (S. 100). Verwenden Sie Leitungswasser, setzen Sie die Pflanzen ein paar Tage später ein, dann sind chemische Zusätze verdampft.

Bepflanzte Teichränder sind ein wunderbarer Lebensraum für Frösche und Kröten sowie für viele Insekten.

DER IDEALE STANDORT

Wählen Sie eine geschützte Stelle in einem Gartenbereich, den Sie vom Sitzplatz oder vom Fenster aus im Blick haben. Prüfen Sie, dass dort keine Versorgungsleitungen oder Erdkabel verlaufen und dass Bäume und Sträucher nicht zu nah stehen. In ihrem Schatten gedeihen nur wenige Teichpflanzen. Außerdem verunreinigt Laub das Wasser, wenn im Herbst viel davon hineinfällt. Legen Sie Teiche nicht neben Eiben an. Ihre Nadeln enthalten Gift, das die Teichbewohner schädigt.

Wählen Sie eine freie Fläche, die nicht von Gehölzen beschattet wird.

Pflanzkörbe werden mit nährstoffarmer Erde gefüllt, bepflanzt und dann auf eine Stufe in passender Tiefe gestellt.

EIN TEICH FÜR TIERE

Alle möglichen Lebenwesen profitieren vom Element Wasser. Ein Teich, der mit besonderer Rücksicht auf Tiere geplant wurde, sorgt für mehr Artenvielfalt im Garten. Schaffen Sie Kleintieren, Amphibien und Vögeln eine Oase, indem Sie einen Teil der Ufer flach gestalten oder nutzen Sie Töpfe als Stufen, um Tieren vom Ufer aus einen sicheren Weg ins Wasser und wieder hinaus zu bieten.

Die Uferbepflanzung in den flacheren und steileren Bereichen schützt die Teichbewohner vor ihren Feinden. In mehreren Wassertiefen können Sie verschiedene Pflanzen in den Teich setzen: Seerosen und andere Wasserpflanzen sowie pollenreiche Sumpfpflanzen (S. 118–119). Sie halten das Wasser sauber, ziehen bestäubende Insekten an und sind das ganze Jahr über schön anzusehen. Um besonders schnell Leben im Teich zu haben, bitten Sie im Frühjahr einen Bekannten um etwas Froschlaich aus seinem Teich.

EINEN TEICH ANLEGEN

Naturteiche müssen nicht riesig sein, brauchen aber eine Tiefwasserzone, die nicht zufriert.

SIE BRAUCHEN Schlauch • Spaten • langes Brett • Wasserwage • alter Teppich oder Teichvlies • Teichfolie • scharfes Messer

1 Markieren Sie mit dem Schlauch den Umriss des Teichs. Je größer er wird, desto mehr Tiere können dort leben.

2 Graben Sie den Teich 45 cm tief und mit sanft geneigten Uferbereichen. Lassen Sie entlang des Rands eine 30–45 cm breite Stufe stehen und heben Sie die Teichmitte 1 m tief, den Rest 75 cm tief aus.

3 Legen Sie die Wasserwaage auf dem Brett über die Teichränder und prüfen Sie an mehreren Stellen, ob die Ränder waagerecht sind. Falls notwendig, füllen Sie Erde auf oder graben Sie tiefer.

4 Entfernen Sie große Steine oder solche mit eckigen Kanten am Teichgrund und an den Rändern. Legen Sie die Teichgrube mit Teichvlies oder alten, unbehandelten Teppichen aus.

5 Breiten Sie die Teichfolie (s. unten) so auf der Unterlage aus, dass sie über der Grube liegt. Drücken Sie die Folie auf dem Boden und an den Seiten der Grube fest.

6 Füllen Sie den Teich mit Wasser. Schneiden Sie die Folie 45 cm vom Rand ab. Die überstehende Folie können Sie mit Erde und Pflanzen, Rollrasen oder Steinen abdecken. Sie sollte nicht reißen.

WIE VIEL TEICHFOLIE? Berechnen Sie die Größe der Folie folgendermaßen: Messen Sie die längste Seite (L), die breiteste Stelle (B) und die Tiefe an der tiefsten Stelle (T). Die Formel lautet dann: (2T+45 cm+L) × (2T+45 cm+B).

1

2

3

4

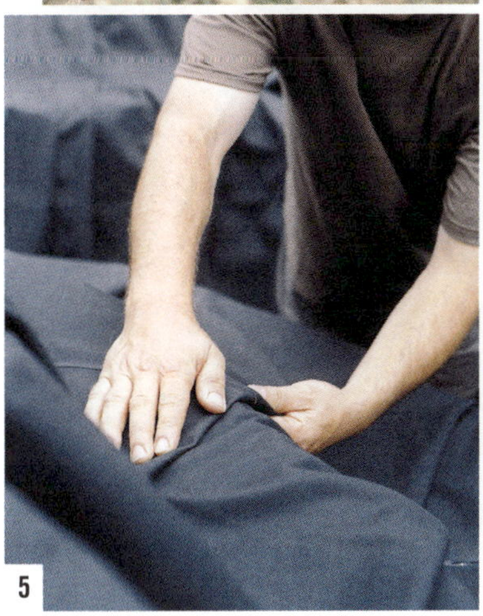
5

6

PFLANZEN STATT HOCHWASSER

Der Klimawandel verändert das Wetter. Es kommt zu Extremlagen wie Sommergewittern oder Hochwasser. Mit der Kraft der Pflanzen können Gartenbesitzer Überschwemmungen verhindern, die weitreichende Umwelteffekte haben, und Flüsse und Meere verunreinigen können. Pflaster und Asphalt durch durchlässige Oberflächen wie Rasen oder Kies zu ersetzen, ist eine der Möglichkeiten.

Gartenwege aus durchlässigen Materialien zu gestalten statt sie zu pflastern, lässt Wasser schnell versickern.

Schadstoffe fördern Algen. Bei ihrer Zersetzung wird Sauerstoff verbraucht.

URSACHE UND WIRKUNG

Durch die Erderwärmung kommt es immer häufiger zu extremen Wetterlagen wie Gewittern oder Starkregen. Dadurch entstehen großflächige, aber auch lokale Überflutungen, die ganze Ökosysteme zerstören können. Tiere und Pflanzen ertrinken, Abwässer gelangen in Flüsse und Meere. Überflutungen können außerdem Tiermist, Öl, Dünger, Pflanzenschutzmittel und Reinigungsprodukte anschwemmen. In Städten mit wenig Vegetation sind die Auswirkungen besonders extrem. Starkregen laufen über versiegelte Flächen in überlastete Kanäle. Gartenbesitzer können mit entsprechender Planung etwas dagegen unternehmen.

WARUM NACH GEWITTER HOCHWASSER ENTSTEHT

Die Regenmenge und die Zeit, in der sie fällt, haben Einfluss auf das Entstehen von Überschwemmungen. Erreicht das Wasser schneller den Boden, als es vom Boden aufgenommen werden kann, fließt es ab und kann zu Überschwemmungen führen. Bei leichtem Regen hat der Boden mehr Zeit, Wasser aufzunehmen. Hat es lange geregnet, ist der Boden gesättigt. Regnet es weiter, läuft das Wasser oberirdisch ab und es entstehen Überflutungen. Pflanzen nehmen Wasser aus dem Boden auf, sodass dieser nicht so schnell gesättigt ist. Versiegelte Flächen können jedoch kaum Regen speichern und sind schneller überflutet.

Bieten Gärten zu wenige Flächen, die Wasser speichern, fließt Starkregen direkt auf die Straßen.

DURCHLÄSSIGE FLÄCHEN ANLEGEN

Gestalten Sie in Ihrem Garten möglichst viele durchlässige Flächen, statt ihn mit Pflaster oder Beton zu versiegeln. Beton hat die schlechteste CO_2-Bilanz aller Baumaterialien für den Garten. Rasen, Kies und Holzhäcksel lassen Regenwasser versickern. Wo befestigte Flächen benötigt werden, kann man sie zwischen Trittsteinen einplanen. In manchen Ländern sind Gartenbesitzer gesetzlich verpflichtet, Gartenflächen nicht zu versiegeln. Das ist vor allem in Vorgärten wichtig, die immer häufiger als Parkplätze genutzt werden, was zu Überschwemmungen in Städten beiträgt. Erkundigen Sie sich bei Ihrer Kommune, ob es derartige Auflagen gibt.

Holzbalken und Kies führen als einfache und unversiegelte Wege durch eine natürliche Gartenbepflanzung aus Ziergräsern, Kräutern und Stauden.

TOP TIPP **Mulchen Sie Beete mit Laub oder Kompost. Durch ihre großporige Struktur verbessern sie die Wasserleitfähigkeit des Bodens. Außerdem verhindern sie die Bildung einer harten, verdichteten Bodenoberfläche, in der Regenwasser nicht versickert, sondern sehr schnell abfließt und dann andere Stellen überschwemmt.**

PFLANZEN ALS RETTUNG

Bäume und andere Pflanzen spielen zur Vorbeugung von Überschwemmungen eine wichtige Rolle. Baumkronen sammeln Regenwasser auf Blättern und Zweigen, sodass es langsamer auf den Boden fällt. Auch die Pflanzen unter den Bäumen nehmen Wasser auf, während herabfallendes Laub Regentropfen auf der Erdoberfläche festhält. Erreicht das Regenwasser den Boden, saugt die Erde es wie ein Schwamm auf. Es fließt nicht ab und Überschwemmungen werden vermieden. Durch die Wurzeln ziehen Pflanzen das Wasser aus dem Boden in ihre Triebe und Blätter. Über die Stomata, kleine Öffnungen in den Blättern, geben sie überschüssiges Wasser ab. Dieser Vorgang wird Transpiration genannt. Zudem bilden die Wurzeln im Boden Röhren, die das Wasser schneller in tiefere Bodenschichten leiten. Je mehr Gartenfläche bepflanzt wird, desto weniger wahrscheinlich sind Überschwemmungen. Ideen, wie Sie die Pflanzfläche in Ihrem Garten vergrößern können, finden Sie auf S. 32–33.

Bäume und Pflanzen speichern Wasser und wirken Überschwemmungen entgegen.

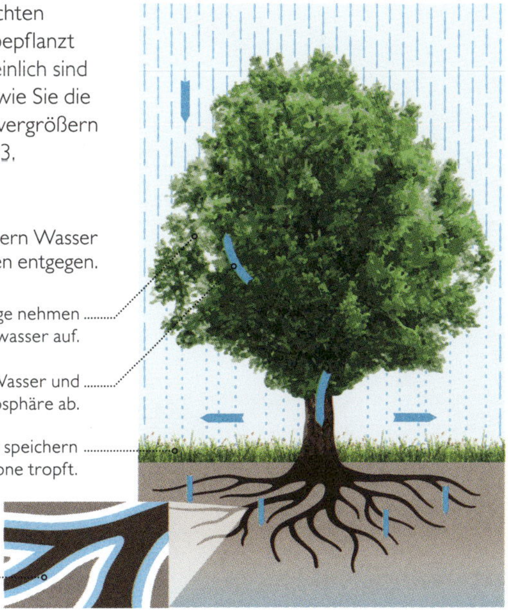

BEPFLANZEN GEGEN FLUTEN

Es gibt viele Möglichkeiten, die bepflanzbare Gartenfläche zu vergrößern, um Überschwemmungen und ihre Folgen zu vermeiden. Vielleicht ist auf Flächen entlang der Straße, über die Starkregen in die Kanalisation läuft, noch Platz für Pflanzen. Kletterpflanzen an Mauern und Zäunen oder Bodendecker zwischen Pflastersteinen passen auch in kleine Gärten. Ist genug Platz vorhanden, sind Bäume und größere Sträucher geeignet, die noch mehr Wasser speichern. Bestimmt passt eine unserer Ideen für den Überschwemmungsschutz aus pflanzlichem Grün auch in Ihren Garten.

WEGE BEPFLANZEN

Wenn Sie einen Gartenweg anlegen, planen Sie eine Bepflanzung ein. Auf Rasenwegen versickert das Wasser. Allerdings werden sie schnell matschig und hart, wenn man sie öfter nutzt. Nach kurzer Zeit verdichtet sich der Boden, die Grasnarbe stirbt ab und das Wasser fließt ungehindert von der undurchlässigen Oberfläche ab. Für Wege, die besonders häufig begangen werden, eignet sich eine Kombination aus festen Materialien wie Holzplanken oder Steinplatten mit Kies oder anderen sickerfähigen Materialien. Verlegen Sie Planken oder Platten in Schrittweite und füllen Sie die Zwischenräume mit Kies, in den sie niedrige Pflanzen wie Thymian, Spanisches Gänseblümchen (*Erigeron karvinskianus*), Römische Kamille (*Chamaemelum nobile*), oder Hauswurz (*Sempervivum*) pflanzen. Rahmen Sie den Weg mit größeren Pflanzen. Sie nehmen ebenfalls Wasser auf und verhindern Überflutung.

Eine Kombination aus Holz und Kies lässt Wasser im Boden versickern.

Rasenwege sind eine gute Wahl für Flächen, die weniger genutzt werden.

Ein Stellplatz lässt sich mit Pflanz- und Pflasterflächen gestalten.

STELLPLÄTZE GESTALTEN

Vorgärten werden oft als Stellplätze genutzt. Auch hier können Sie die Bereiche zwischen den befestigten Fahrspuren bepflanzen. Gestalten Sie die Fahrspuren mit Holz, Ziegel- oder Pflastersteinen und füllen Sie Flächen dazwischen mit Kies und Pflanzen. Bodendecker, die gelegentliches Befahren vertragen, sind Pfennigkraut (*Lysimachia nummularia*), Kriechender Günsel (*Ajuga reptans*) und Thymianarten wie *Thymus serpyllum*. Vergissmeinnicht sorgen im Frühjahr für Farbe und verbreiten sich durch Samen selbst. Gießen Sie die Pflanzen regelmäßig, bis sie eingewachsen sind.

Bepflanzte Kübel sehen dekorativ aus und die Pflanzen darin speichern Wasser.

KÜBEL AUFSTELLEN

Eingänge oder Sitzecken haben meist einen festen Untergrund. Hier können Kübelpflanzen Wasser aufnehmen. Je größer das Pflanzgefäß, desto besser, denn es enthält mehr Erde und kann mehr Wasser speichern. Sträucher wie Skimmie *(Skimmia japonica)* and Kriechspindel *(Euonymus fortunei)*, aber auch Efeu und Hornveilchen eignen sich für schattige Bereiche, Lavendel, Fetthennen *(Sedum)* und Seggen (*Carex*) für sonnige Standorte. Pflanzkübel sind schön anzusehen und müssen, wenn sie groß genug sind, nur in Trockenphasen mehrmals wöchentlich gegossen werden.

GUT ZU WISSEN

- Pflanzen Sie Bäume, Sträucher, Kletterpflanzen und Stauden in unterschiedlichen Höhen. So wird Wasser gespeichert und kommt gar nicht erst auf dem Boden an.
- Pflanzen Sie Kletterpflanzen mit 60 cm Abstand zu Mauern und Zäunen.
- Planen Sie auch immergrüne Pflanzen ein. Sie mildern Überschwemmungen im Winter.
- Das Laub sollte nicht über den Kübelrand ragen. Sonst wird der Regen direkt auf den Boden geleitet.

REGENWASSER SAMMELN

Wenn sich Regenwasser von befestigten Flächen an einer tiefer gelegenen Stelle im Garten sammelt, kann ein Wasserspeichergarten Abhilfe schaffen. Dafür legen Sie eine Senke an, die Sie mit widerstandsfähigen Arten bepflanzen. In der Senke sammelt sich Wasser bei Unwettern, statt Straßen oder Kanäle zu überfluten. Die Pflanzen speichern das überschüssige Wasser, während ihre Wurzeln kleine Röhren bilden, durch die es langsam in den Boden gelangt.

Graben Sie einen 45 cm tiefen Graben, in Lehmböden, wo Wasser langsamer abläuft, 60 cm tiefer. Bilden Sie aus dem Erdaushub einen 30 cm breiten und 10 cm hohen Rand. So wird noch mehr Wasser gesammelt, wenn es den Hang hinabläuft. Füllen Sie den Graben teilweise mit Kompost, Erdaushub und Kies, ideale Materialien zur Drainage. Wählen Sie Pflanzen, die sowohl Nässe als auch Trockenheit vertragen. Liegt Ihr Garten an einem Hang mit mehr als 12 Prozent Gefälle, lassen Sie sich von einem Fachmann beraten.

PFLANZEN FÜR EINEN WASSERSPEICHERGARTEN

Kriechender Günsel (*Ajuga reptans*) • Prachtspiere (*Astilbe*) • Segge (*Carex*) • Mandelblättrige Wolfsmilch (*Euphorbia amygdaloides*) • Storchschnabel (*Geranium*) • Funkie (*Hosta*) • Sumpf-Schwertlilie (*Iris ensata*) • Chinaschilf (*Miscanthus sinensis*) • Schneckenknöterich (*Persicaria affinis*) • Sonnenhut (*Rudbeckia*)

Dieser Wasserspeichergarten ist mit widerstandsfähigen Pflanzen bepflanzt und mit Steinen abgedeckt.

KLEINE BÄUME FÜR KLEINE GÄRTEN

Um Ihnen die Auswahl zu erleichtern, haben wir Baumarten und Sorten zusammengestellt, die sich für kleine bis mittelgroße Gärten eignen. Kompakt wachsende Gehölze sind ideal für Anfänger, denn sie neigen nicht zum Wuchern und müssen kaum geschnitten werden. Trotzdem filtern und speichern sie Kohlendioxid und tragen dazu bei, den Klimawandel aufzuhalten.

FELDAHORN *ACER CAMPESTRE*

HÖHE UND BREITE bis 12 × 4 m
BODEN durchlässig/feucht, aber durchlässig
WINTERHÄRTE winterhart
STANDORT ☼ ◑

Der oft als Heckenpflanze genutzte, laubabwerfende Baum hat im Frühjahr rötliche Blätter, die sich im Sommer grün und im Herbst gelb bis rötlich färben. Seine winzigen, hellgrünen Blüten ziehen im Frühjahr bestäubende Insekten an, im Herbst fressen Kleintiere die geflügelten Samen. Diese Ahornart wächst auf vielen Standorten und Böden und bereichert jeden Naturgarten. Um zu verhindern, dass er sehr groß wird, kürzt man den Haupttrieb ein, solange der Baum noch jung ist.

Das fünflappige Laub dieses Ahorns färbt sich im Herbst gelb und rot.

KAHLE FELSENBIRNE *AMELANCHIER LAEVIS*

HÖHE UND BREITE bis 8 × 8 m
BODEN feucht, aber durchlässig
WINTERHÄRTE winterhart
STANDORT ☼ ◑

Pflanzen Sie diesen kleinen Laubbaum wegen seiner kupferroten Blätter im Frühjahr. Im Sommer färben sie sich grün und im Herbst gelb. Aus den weißen, duftenden Blütensternchen entwickeln sich im Herbst essbare, süße, blauschwarze Früchte, die bei Vögeln beliebt sind. Die Kahle Felsenbirne passt gut zu naturnahen Bepflanzungen in kleineren Stadtgärten oder in Wiesenflächen. Sie ist genügsam, wächst in fast allen Böden und braucht nach dem Einwachsen kaum noch Pflege.

Aus den weißen Blüten werden blau-schwarze Früchte, die Vögel in den Garten locken.

SCHWARZBIRKE *BETULA NIGRA*

HÖHE UND BREITE bis 12 × 7 m
BODEN feucht, aber durchlässig
WINTERHÄRTE winterhart
STANDORT ☼ ◑

Dieser beeindruckende Baum hat eine schuppige, rotbraune und weiße Rinde, die im Winter die Blicke auf sich zieht, sowie grünes, rautenförmiges Laub, das sich im Herbst goldgelb färbt. Im Frühjahr verleihen gelbe Kätzchen der Schwarzbirke Charme. Sie ist ideal für sumpfige bis nasse Böden, verträgt aber auch trockenere Standorte und bietet Insekten und Vögeln Lebensraum. Mehrstämmige Exemplare werden nicht so groß. Pflanzen Sie die Schwarzbirke in Beete oder ans Wasser.

Goldgelbes Herbstlaub und die schuppige Rinde sind Merkmale der Schwarzbirke.

JUDASBAUM *CERCIS SILIQUASTRUM*

HÖHE UND BREITE 7 x 7 m
BODEN durchlässig
WINTERHÄRTE übersteht nur sehr kalte Winter nicht
STANDORT ☼ ◑

Dieser kleine Laubbaum sorgt mit violetten Schmetterlingsblüten, die im Vollfrühling erscheinen, für Aufmerksamkeit. Auf sie folgen leuchtend grüne, herzförmige Blätter und im Hochsommer dunkle, violette Schoten. Im Herbst färbt sich das Laub gelb. Der Judasbaum lockt Bienen und andere Bestäuber an. Er entzieht der Luft Stickstoff und düngt sich damit selbst. Stickstoff ist ein wichtiger Nährstoff für gesundes Laub. Der Judasbaum passt gut in kleine Innenhofgärten.

Die Blüten erscheinen vor dem Laub und machen den Judasbaum zu einem Blickfang.

KORKENZIEHERHASEL *CORYLUS AVELLANA* 'CONTORTA'

HÖHE UND BREITE 5 x 5 m
BODEN durchlässig
WINTERHÄRTE winterhart
STANDORT ☼ ◑

Die ungewöhnlich verdrehten Äste der Korkenzieherhasel ziehen vor allem im Winter und Frühling die Blicke auf sich, wenn goldene Kätzchen wie glitzernde Ohrringe an ihnen hängen. Auch das Laub ist leicht verdreht. Es färbt sich im Herbst gelb, wenn die Nüsse reif werden. Die Raupen von Nachtfaltern fressen die Blätter, viele Vogelarten die Nüsse. Pflanzen Sie frühblühende Zwiebelblumen und pollenreiche, sommerblühende Stauden, um für noch mehr Tierarten Gutes zu tun.

Die verdrehten Äste lassen diese Haselnussart wie einen uralten Baum wirken.

ZWEIGRIFFELIGER WEISSDORN *CRATAEGUS LAEVIGATA*

HÖHE UND BREITE bis 7 x 7 m
BODEN durchlässig/feucht, aber durchlässig
WINTERHÄRTE winterhart
STANDORT ☼ ◑

Das für eine Vielzahl an Insekten und Vögeln nützliche Gehölz hat einen hohen Zierwert. Die dicken Blütentrauben erscheinen, wenn das gefingerte Laub sich entfaltet hat, und sind bei Bestäubern beliebt. Im Herbst dienen die Beeren Vögeln als Nahrung. Im Winter tritt der gewundene Stamm in den Vordergrund. Der robuste, kleine Baum passt zu lockeren Pflanzungen und Wildstauden und macht sich auch in exponierte Lagen gut.

Pinke, halbgefüllte Blüten machen die Sorte 'Paul's Scarlet' besonders attraktiv.

SPINDELSTRAUCH *EUONYMUS EUROPAEUS*

HÖHE UND BREITE 3 x 2,5 m
BODEN durchlässig
WINTERHÄRTE winterhart
STANDORT ☼

Der sommergrüne Baum trägt dunkelgrüne Blätter und kleine, pollenreiche Blüten. Er ist ein gute Wahl für Pflanzkübel in Innenhöfen. Bis zum Herbst ist er eher unauffällig, dann wird er zum farbenfrohen Highlight des Gartens. Er bekommt dunkelrote Blätter und orange- bis pinkfarbene Früchte, die an den Zweigen bleiben, wenn das Laub bereits abgefallen ist. Pflanzen Sie ihn dort, wo Sie seine Herbstschönheit genießen können und Frühlings- und Sommerblumen den Rest des Jahres für Farbtupfer sorgen.

Eine atemberaubende Herbstlaubfärbung für kleine Naturgärten.

STECHPALME *ILEX AQUIFOLIUM*

HÖHE UND BREITE bis 12 × 4 m
BODEN durchlässig/feucht, aber durchlässig
WINTERHÄRTE winterhart
STANDORT ☼ ◑

Die immergrüne Stechpalme mit stacheligem Laub ist rund ums Jahr attraktiv. Panaschierte Sorten liefern zusätzlich Farbe. Im Frühjahr ziehen die Blüten Bestäuber an. Die dichte Krone bietet Vögeln Nistplätze. Setzen Sie Stechpalmen als Mischbepflanzungen mit Sträuchern, Stauden und Einjährigen. Nur weibliche Pflanzen tragen Beeren, die Vögeln als Nahrung dienen. Prüfen Sie, ob eine männliche Pflanze in der Nähe wächst, oder wählen Sie selbstbefruchtende Sorten wie 'J. C. van Tol'.

'Argentea Marginata' ist eine weibliche Sorte mit cremefarben gerandeten Blättern.

APFEL *MALUS DOMESTICA*

HÖHE UND BREITE bis 4 × 4 m
BODEN durchlässig/feucht, aber durchlässig
WINTERHÄRTE winterhart
STANDORT ☼

Nur wenige Gehölze sind für kleine Gärten so nützlich wie Apfelbäume. Mit dem Laubaustrieb öffnen sich rosa oder weiße, pollenreiche Blüten, die Honigbienen anziehen. Im Herbst können zahlreiche Äpfel geerntet werden. Heruntergefallene Früchte dienen Schmetterlingen, Vögeln und anderen Gartenbewohnern als Nahrung. Sorten auf schwachen Unterlagen eignen sich für Töpfe, größere sehen in einer Rasenfläche schön aus. Wählen Sie für kalte Regionen spätblühende Arten.

Frische Äpfel schmecken gut – auch den Tieren im Garten.

ZIERAPFEL *MALUS × FLORIBUNDA*

HÖHE UND BREITE bis 7 × 7 m
BODEN durchlässig/feucht, aber durchlässig
WINTERHÄRTE winterhart
STANDORT ☼ ◑

Dieser attraktive Zierapfel ist ab dem Frühling, wenn das Laub sich gerade entfaltet, dicht mit hellrosa Blüten besetzt. Im August reifen daraus goldgelbe Früchte heran, die bis zum Winter an den Zweigen hängen bleiben. Herabgefallene Früchte sind eine wertvolle Nahrungsquelle für viele tierische Gartenbewohner. Der Zierapfel verträgt Luftverschmutzung. Am besten wirkt er in naturnahen Gärten, unterpflanzt mit Frühblühern und Stauden, oder auch in Wildblumenwiesen.

Dicht an dicht sitzen erst rote Knospen, dann die rosa Blüten an den Zweigen.

ECHTE MISPEL *MESPILUS GERMANICA*

HÖHE UND BREITE bis 6 × 8 m
BODEN durchlässig/feucht, aber durchlässig
WINTERHÄRTE winterhart
STANDORT ☼ ◑

Dieser in die Breite wachsende Baum ist perfekt für Gartenbesitzer, die einen Hingucker suchen. Die Mispel hat große, weiße Blüten, die Bienen magisch anziehen. Zwischen den ledrigen Blättern bilden sich im Herbst runde, braune Früchte. Diese sind erst hart und bitter, werden gegen Herbstende aber weicher und süßer. Herabgefallene Früchte sind eine wichtige Nahrungsquelle für viele Tiere. Wegen ihres breiten Wuchses werden Mispeln als Hoch- oder Halbstämme gezogen.

Zwischen dem goldenen Herbstlaub bilden sich die braunen Mispelfrüchte.

ZIERKIRSCHE *PRUNUS INCISA*

HÖHE UND BREITE 2,5 x 2,5 m
BODEN feucht, aber durchlässig/durchlässig
WINTERHÄRTE winterhart
STANDORT ☼

Dieser kompakte Baum ist ideal für kleine Stadtgärten. Aus den purpurroten Knospen öffnen sich weiße Blüten, die von Bienen und anderen Bestäubern angeflogen werden. Das schmale, grüne Laub ist im Austrieb leicht bronzefarben und wird im Herbst leuchtend orange und rot. Die kleinen Früchte sind bei Vögeln beliebt. Pflanzen Sie die Zierkirsche so, dass sie das Laub bewundern können, – als Solitär oder in einer Mischrabatte. Falls notwendig, erfolgt im Frühjahr ein Schnitt.

Dichte, weiße Blüten machen den Baum bei einer Vielzahl an Insekten beliebt.

BIRNE 'CONFERENCE' *PYRUS COMMUNIS*

HÖHE UND BREITE 3 x 2,5 m
BODEN durchlässig
WINTERHÄRTE winterhart
STANDORT ☼

Birnbäume bieten mit ihren weißen Blüten im Frühjahr und den saftigen Früchten im Herbst gleich mehrfachen Nutzen für Menschen und Tiere. Für einen kleinen, gut handhabbaren Baum wählen Sie einen, der auf Quitte als Unterlage gezogen ist. Für eine reiche Ernte pflanzen Sie einen weiteren Birnbaum in der Nähe. Die Blüten ziehen Bienen und andere Bestäuber an. Schmetterlinge und Vögel laben sich im Herbst an herabgefallenen Früchten. Pflanzen Sie Birnen in Wildblumenwiesen oder Mischrabatten.

Die süßen Birnen sind bei Menschen beliebt und dienen Tieren als Nahrung.

EBERESCHE *SORBUS AUCUPARIA*

HÖHE UND BREITE 12 x 8 m
BODEN durchlässig/feucht, aber durchlässig
WINTERHÄRTE winterhart
STANDORT ☼ ◑

Dieser kleine bis mittelgroße Baum, auch als Vogelbeere bekannt, ist sehr nützlich für Menschen und Tiere. Die weißen Blütendolden ziehen im Frühjahr Bestäuber an, die orangeroten Früchte sind eine wertvolle Nahrungsquelle für Vögel. Die grünen, gefiederten Blätter färben sich im Herbst leuchtend rot. Für kleine Gärten eignen sich mehrstämmige Exemplare oder die Straucheberesche *(Sorbus vilmorinii)*. Ebereschen sind eine gute Wahl, um naturnahe Bepflanzungen zu bereichern.

Die leuchtenden Beeren stehen in dichten Büscheln und sind ein Festmahl für Vögel.

GEMEINER FLIEDER *SYRINGA VULGARIS*

HÖHE UND BREITE 7 x 7 m
BODEN durchlässig/feucht, aber durchlässig
WINTERHÄRTE winterhart
STANDORT ☼ ◑

Der sommergrüne Großstrauch ist wegen seiner großen Rispen intensiv duftender Blüten beliebt, die Bienen und andere Bestäuber anziehen. Je nach Sorte sind die Blüten dunkelrot, rosa, violett oder weiß. Das mittelgrüne, herzförmige Laub trägt zum Charme des Gehölzes bei. Setzen Sie Flieder in den hinteren Bereich einer Mischrabatte oder mit anderen Gehölze als Begrenzung und Sichtschutz. Halten Sie Flieder mit einem kräftigen Rückschnitt nach der Blüte in Form.

Flieder in voller Blüte sind wunderschön anzusehen. Ihr Duft macht sie noch attraktiver.

Saatgut von Erbsen und Bohnen im eigenen Garten zu sammeln, statt sie jedes Jahr neu zu kaufen, reduziert Ihren CO_2-Fußabdruck und die Kosten des Gärtnerns.

BIOLOGISCH GÄRTNERN

Es hat Auswirkungen auf die Umwelt, wie Sie Zier- und Nutzpflanzen anbauen. Arbeiten Sie biologisch und verzichten Sie auf Kunstdünger und Pflanzenschutzmittel, wird der Boden gesünder und es gelangen weniger Schadstoffe ins Grundwasser. Indem Sie Pflanzen selbst ziehen, wiederverwertbare Töpfe verwenden und Kompost ansetzen, verringern Sie Ihren CO_2-Fußabdruck zusätzlich. Entdecken Sie diese und andere umweltfreundliche Wege, Pflanzen selbst zu kultivieren und zu pflegen.

RICHTIGE PFLANZE, RICHTIGER STANDORT

Die Herbst-Sonnenbraut *(Helenium autumnale)* braucht Sonne.

Um zu gewährleisten, dass Pflanzen gut wachsen und widerstandsfähig gegen Schädlinge und Krankheiten sind, ist es am besten, Arten auszuwählen, die zu Ihrem Garten passen. Dazu müssen Sie wissen, auf welchem Boden Sie gärtnern und wie die Lichtverhältnisse sind. Dann suchen Sie Pflanzen aus, die an solche Bedingungen angepasst sind. Hilfreich sind die Angaben auf Pflanzetiketten und in Katalogen.

BODENART BESTIMMEN

Die meisten Gartenböden sind sandig oder haben einen hohen Tonanteil. Sandpartikel sind relativ groß, sodass Wasser schnell durch die Zwischenräume abfließt. Daher werden sandige Böden als »durchlässig« bezeichnet. Sie sind meist wenig fruchtbar, denn Pflanzennährstoffe sind wasserlöslich und werden vom Regenwasser ausgewaschen. Tonpartikel dagegen sind sehr fein. In ihren Zwischenräumen kann Wasser gut gespeichert werden. Tonhaltige Böden sind kompakt und vernässen schnell, sind aber fruchtbarer. Der beste Gartenboden ist ein lehmiger Boden aus Sand, Ton und Schluff. Er speichert Wasser, das von den Pflanzenwurzeln aufgenommen werden kann, lässt überschüssige Feuchtigkeit aber abfließen. In den Pflanzenbeschreibungen werden solche Böden als »feucht, aber durchlässig« bezeichnet. Es gibt jedoch für alle Bodenarten passende Pflanzen. Um den Boden in Ihrem Garten zu bestimmen, entnehmen Sie in Spatentiefe eine Handvoll Erde, lassen sie kurz trocknen und kneten sie dann zwischen den Fingern.

Lehmiger Boden ist kompakt und behält beim Kneten seine Form. Er lässt sich zu Kugeln oder Rollen modellieren.

SANDIGER BODEN fühlt sich beim Kneten rauh an und fällt auseinander, wenn man eine Kugel oder ein Rolle formen möchte. Er ist eher hell.

TONHALTIGER BODEN ist weich und kompakt. Er behält seine Form, wenn man ihn zu einer Kugel oder Rolle knetet. Böden mit sehr hohem Tonanteil lassen sich zu einer Hufeisenform kneten, ohne zu zerreißen.

Kneten Sie die Erde zwischen den Fingern, um die Struktur zu fühlen.

BODENREAKTION TESTEN

Der Grad an Bodensäure oder Bodenalkalität wird als pH-Wert bezeichnet. Ihn zu kennen, ist wichtig, denn Pflanzen wie Rhododendren und Kamelien wachsen nur in sauren Böden, während Lavendel und Sonnenröschen basische Böden bevorzugen. Viele Pflanzen sind unkompliziert. In Katalogen wird der pH-Wert oft nur angegeben, wenn eine Pflanze besonders empfindlich ist. pH-Testsets sind einfach zu verwenden. Es lohnt sich, an mehreren Stellen im Garten zu testen, ob der Boden sauer, basisch oder neutral ist.

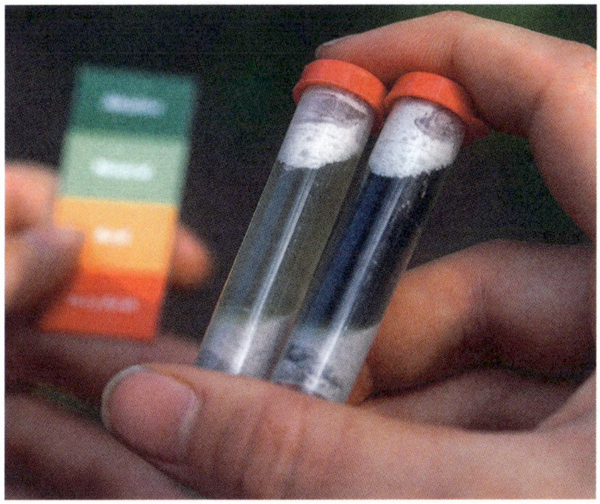

Um den Boden zu testen, füllen Sie die angegebene Menge Erde in das Röhrchen. Dann geben Sie das Testpulver hinzu und schütteln das Röhrchen kräftig. Hat sich die Erde abgesetzt, vergleichen Sie die Farbe der Flüssigkeit mit der Farbskala.

LICHTVERHÄLTNISSE PRÜFEN

Es ist unerlässlich zu wissen, wie die Sonne den Tag über im Garten steht, denn in schlechten Lichtverhältnissen wachsen Pflanzen schlecht, blühen nicht oder sterben im schlimmsten Fall ab. Pflanzt man sonnenliebende Pflanzen mit großen Blüten im Schatten, werden sie lang und dünn, weil sie zum Licht wachsen wollen. Schattenliebende Pflanzen mit großen, dunkelgrünen Blättern bekommen Verbrennungen, wenn sie an zu helle Orte gepflanzt werden.

Nutzen Sie einen Kompass, um herauszufinden, wie Ihr Garten ausgerichtet ist. Liegt der Garten im Süden des Hauses, wird er im Sommer fast den ganzen Tag sonnig sein, im Norden eher schattig. Gärten im Osten oder Westen bekommen morgens bzw. abends mehr Sonne. Natürlich haben Bäume und angrenzende Gebäude ebenfalls einen Einfluss darauf, wie sonnig der Garten ist.

Eine andere Möglichkeit, die Lichtverhältnisse zu beurteilen, sind Fotos, die Sie zu verschiedenen Tages- und Jahreszeiten machen. Zeichnen Sie eine Übersicht mit den sonnigen und schattigen Bereichen.

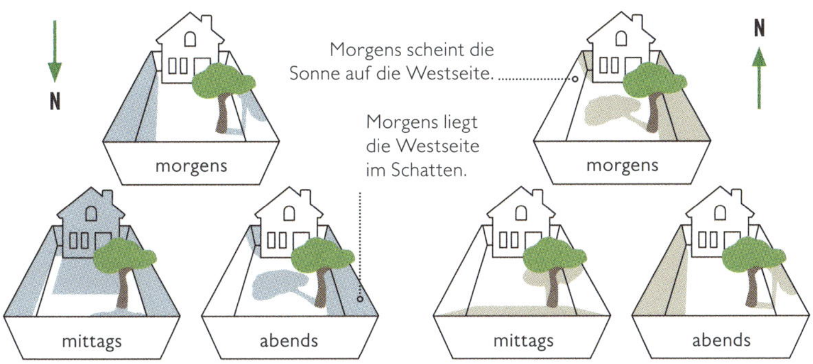

Die Nordseite liegt die meiste Zeit im Schatten. Pflanzen Sie Bäume so, dass sie nicht noch mehr Schatten werfen.

In Gärten an der Südseite liegt nur der Bereich vor der hinteren Grenze für längere Zeit im Schatten.

Beim Pflanzenkauf geben Etiketten Hinweise auf Standortbedingungen.

ETIKETTEN VERSTEHEN

Kennen Sie die Bedingungen in Ihrem Garten, können Sie sich in Katalogen und auf Internetseiten auf die Suche nach Pflanzen machen, die dort gesund und kräftig wachsen. Viele Internetseiten bieten Suchfunktionen, die Pflanzlisten nach Standort oder Boden filtern. Im Handel dienen die Etiketten als Orientierung. Darauf ist angegeben, was die Pflanze benötigt, wie hoch und breit sie wird und immer häufiger auch, ob sie nützlich für Insekten ist. Achten Sie darauf, nur gesunde Pflanzen ohne Schädlinge zu kaufen.

AUS EIGENEM ANBAU: SAATGUT GEWINNEN

Eigenes Saatgut zu gewinnen und neue Pflanzen daraus zu ziehen, ist eine gute Möglichkeit, die Umwelt zu schonen und Geld zu sparen. Bei vielen Zier- und Nutzpflanzen lässt sich das Saatgut leicht sammeln, und die Samen keimen und wachsen problemlos, schließlich werden sie für diesem Zweck gebildet. Nicht immer ähneln die neuen Pflanzen den alten, aber es macht Spaß, zu experimentieren und zu beobachten.

SAATGUT SAMMELN

Viele Blumen und Nutzpflanzen können leicht aus selbst gewonnenem Saatgut gezogen werden. F1-Hybriden sind so gezüchtet, dass sie bestimmte Blütenformen oder besonders gefärbte Früchte bilden. Nachkommen solcher Pflanzen entwickeln diese Merkmale meist nicht. Sind Sie nicht sicher, ob es sich bei Ihrer Pflanze um eine F1-Hybride handelt, sehen Sie auf der Verpackung oder im Internet nach.

BLÜHPFLANZEN Nach der Bestäubung bilden Blühpflanzen Samen. Schneiden Sie die Samenstände ab, wenn die Hüllen schwarz, braun oder rot geworden sind oder schütteln sie die Pflanze vorsichtig über einer Papiertüte. Reife Samen lösen sich leicht von der Pflanze. Breiten Sie die Samen auf einer sauberen und trockenen Fläche aus und entfernen Sie Reste von Samenkapseln und Pflanzenreste (Spreu), denn darin können Schädlinge und Krankheiten sitzen. Säen Sie die Samen direkt nach dem Sammeln oder im Frühjahr.

FRÜCHTE UND SCHOTEN Pflücken Sie Obst und Fruchtgemüse wie Tomaten, löffeln Sie die Samen heraus und befreien Sie sie in einem Sieb vom Fruchtfleisch. Lassen Sie sie dann an einem warmen Ort trocknen. Die

Stockrosen (*Alcea rosea*) haben große Samen, die man leicht aus den Hüllen lösen kann, sobald diese braun sind.

Schoten von Erbsen und Bohnen bleiben an der Pflanze, bis sie vollreif sind und werden dann geerntet. Lassen Sie sie danach ein paar Tage trocknen.

SAATGUT LAGERN Lagern Sie Samen in Papiertüten oder Briefumschlägen und beschriften Sie diese mit dem Pflanzennamen und dem Datum. Saatgut von nicht frostharten Pflanzen sollten bei Temperaturen gelagert werden, die die Pflanzen gerade noch vertragen, Tomaten zum Beispiel bei 10 °C. Samen von winterharten Pflanzen sollten luftdicht verpackt bei 4°C gelagert werden.

Spülen Sie die Samen mit Wasser ab, um das Fruchtfleisch zu entfernen.

SO WIRD AUSGESÄT

Die gesammelten Samen bringen Sie im Frühjahr im Haus oder im Frühbeet zum Keimen. Säen Sie in biologisch abbaubare Töpfe aus, die beim Pflanzen mit eingegraben werden können. Während die Pflanzen wachsen, verrotten die Töpfe im Boden.

SIE BRAUCHEN eigenes Saatgut • biologisch abbaubare Anzuchtgefäße • torffreie Aussaaterde (oder gesiebte Gartenerde) • Schalen mit durchsichtigem Deckel für wärmeliebende Pflanzen • Gießkanne

1 Füllen Sie die Anzuchtgefäße mit Erde. Drücken Sie die Erde leicht an, um Hohlräume zu vermeiden.
2 Drücken Sie die Samen in der entsprechenden Tiefe hinein. Haben Sie keine alte Samentüte, auf der Sie die Aussaattiefe nachlesen können, legen Sie den Samen zwei- bis dreimal so tief, wie er dick ist. Kleine Samen sind meist Lichtkeimer und dürfen nur ganz dünn mit Erde bedeckt werden.
3 Stellen Sie die Aussaat an einen hellen, warmen Ort: winterharte Arten in ein Frühbeet oder an einen geschützten Platz im Freien. Samen, die Wärme zur Keimung benötigen, brauchen ein Zimmergewächshaus oder eine Schale mit Deckel. Halten Sie die Erde ständig feucht.
4 Gewöhnen Sie die Jungpflanzen einige Wochen vor dem Auspflanzen an die Temperaturen im Freien, indem Sie sie tagsüber nach draußen stellen. Empfindliche Arten sollten erst zwei Wochen vor den letzten Frösten nach draußen gestellt werden. Dieses schrittweise Gewöhnen wird »Abhärten« genannt.

TOP TIPP Keimen die Samen von winterharten Pflanzen nicht, brauchen sie vielleicht einen Kälteimpuls, der die Keimruhe bricht. Stellen Sie sie einige Wochen vor der Aussaat in den Kühlschrank.

1

2

3

4

LEICHT ZU GEWINNEN

Zierlauch • Gartenbohne • Stockrose (*Alcea rosea*) • Fenchel • Sonnenblume (*Helianthus annuus*) • Spiegeleiblume (*Limnanthes douglasii*) • Silberblatt (*Lunaria annua*) • Jungfer im Grünen (*Nigella*) • Erbse • Paprika • Mohn (*Papaver*) • Kürbis • Feuerbohne • Zucchini • Tomate • Kapuzinerkresse (*Tropaeolum*)

Sonnenblumen bilden Blütenköpfe voller Samen, die man leicht herauslösen kann, wenn die Blüte trocknet.

VERMEHRUNG LEICHT GEMACHT

Aus Pflanzen, die im Garten wachsen, neue zu ziehen, ist nicht schwer. So können Sie auf sehr günstige Weise noch mehr Lebensräume für Bestäuber und andere Tiere schaffen. Die hier vorgestellten Methoden sind schnell und leicht durchzuführen. Nur die Stecklingsvermehrung ist etwas aufwändiger. Stecklinge sollten Sie an einem warmen Ort aufstellen. Probieren Sie aus, was Ihnen am besten zusagt. Vermehren Sie nur Pflanzen, die nicht krank oder von Schädlingen befallen, nicht invasiv und nicht giftig für Tiere sind, auch wenn Sie Stecklinge im Garten eines Freundes schneiden.

Drücken Sie geteilte Stauden fest an, damit im Boden keine Hohlräume bleiben.

STAUDEN TEILEN

Stauden breiten sich über ihr Wurzelsystem schnell aus. Nach einigen Jahren sind sie zu groß geworden oder vergreisen in der Mitte und werden blühfaul. Dann sollten Sie die Pflanzen im Frühjahr oder Herbst teilen. Zunächst wässern Sie sie gut und schneiden die lange Triebe zurück. Graben Sie den Wurzelballen aus und teilen Sie ihn mit einem Messer, der Gartenschere oder den Händen. Stoßen Sie bei größeren Pflanzen zwei Grabegabeln Rücken an Rücken in den Ballen und ziehen Sie die Wurzeln mit den Gabeln auseinander. Entfernen Sie die überalterten Wurzelteile in der Mitte und pflanzen Sie die geteilten Stauden ein. Gießen Sie sie in Trockenperioden regelmäßig.

ABSENKER VERMEHREN

Diese Vermehrungsart ist gut geeignet für Kletterpflanzen wie Waldrebe, Jungfernrebe (*Parthenocissus tricuspidata*) und Kletterhortensie (*Hydrangea anomala* subsp. *petiolaris*), aber auch für Sträucher mit biegsamen Trieben wie Hasel (*Corylus*), Seidelbast (*Daphne*) oder Zierquitte (*Chaenomeles*).

Wählen Sie im Frühjahr oder Herbst einen jungen, biegsamen Ast, entfernen Sie die Seitentriebe und biegen Sie ihn nach unten. Entfernen Sie im Bereich, der den Boden berührt, die Blätter und ritzen Sie den Zweig etwa 30 cm unterhalb der Spitze an. Stecken Sie einen Stab in die Erde, graben Sie die verwundete Stelle daneben ein und binden Sie den oberen Teil des Triebs daran fest. Wenn an der Spitze neue Triebe wachsen, hat der Absenker Wurzeln gebildet. Nun können Sie ihn von der Ursprungspflanze trennen.

Um mehrere Pflanzen zu ziehen, machen Sie jeweils hinter einem Blattansatz Sie mehrere Schnitte. Befestigen Sie den Ast so auf dem Boden, dass die Bereiche zwischen den einzelnen Schnitten offen liegen.

Nach dem Anritzen wird die verwundete Stelle des Zweigs unter der Erde angedrückt und der Rest mit einer Schnur an einem Stab fixiert.

STECKLINGE SCHNEIDEN

Mit Stecklingen können sie aus jungen Trieben neue Pflanzen ziehen. Verwenden Sie kräftige Seitentriebe gesunder Pflanzen. Schneiden Sie sie im Frühsommer bis Vollherbst. Möchten Sie aus einem Trieb mehrere Stecklinge schneiden, sollte das untere Ende unterhalb einer Blattachsel, die Spitze über einer Blattachsel sein. Bis Stecklinge wurzeln, stellen Sie sie am besten ins Haus.

1 Füllen Sie Töpfe mit torffreier Anzuchterde. Schneiden Sie mit einer sauberen Schere 7,5–10 cm lange Spitzen von gesunden, nicht blühenden Trieben.

2 Kürzen Sie die Triebe mit einem scharfen Messer direkt unter einem Blattknoten und entfernen Sie die unteren Blätter. Oben Richtung Spitze lassen Sie ein paar übrig.

3 Stecken Sie die Triebe in die Erde. Sie sollten sich nicht berühren. Drücken Sie sie in der Erde an und gießen Sie vorsichtig. Stellen Sie sie bei 15–21 °C in ein Zimmergewächshaus oder in eine Schale mit Deckel. Sie bilden innerhalb weniger Wochen Wurzeln.

NACH DEM STECKEN Halten Sie Stecklinge gleichmäßig feucht, aber nicht zu nass. Sonst haben Pilze ein leichtes Spiel. Topfen Sie die Stecklinge um, sobald sie einige Blätter haben und erste Wurzeln unten aus dem Pflanzgefäß wachsen.

1

2

3

MIT STECKHÖLZERN VERMEHREN

Rosen und andere winterharte, sommergrüne Gehölze können mit Steckhölzern vermehrt werden. Wählen Sie dafür nach dem Blattfall im Herbst gerade Zweige aus diesem Jahr. Ziehen Sie in einer ungenutzten Gartenecke mit dem Spaten eine Furche in den Boden. Schneiden Sie die Zweige und entfernen Sie Seitentriebe und Blätter. Teilen Sie sie in 15 cm lange Stücke, indem Sie sie direkt unter einer Blattachsel gerade und über einer Blattachsel schräg abschneiden. Stecken Sie die Steckhölzer so tief in die Furche, dass das angeschrägte Ende etwa 10 cm aus dem Boden ragt. Drücken Sie die Erde um die Steckhölzer an und gießen Sie sie gut. Sie dürfen nicht austrocknen. Nach etwa einem Jahr haben sie Wurzeln gebildet und treiben neu aus.

TOP TIPP Lassen Sie bei Steckhölzern von Bäumen ein Auge aus dem Boden ragen. Bei Sträuchern dürfen es mehrere Knospen sein. Sobald das Steckholz Wurzeln gebildet hat, wachsen aus diesen Wachstumspunkten neue Seitentriebe.

Steckhölzer werden mit dem schrägen Ende nach oben in die Erde gesteckt. Sie brauchen ein Jahr um einzuwurzeln.

PFLANZEN KAUFEN

Möchten Sie in einer Gärtnerei oder in einem Gartencenter Pflanzen kaufen, achten Sie darauf, wie sie angebaut wurden und woher sie stammen. Pflanzen aus der Region haben einen kleineren CO_2-Fußabdruck als Pflanzen von weiter weg oder aus dem Ausland. Fragen Sie auch, in was für einer Erde die Pflanzen gezogen wurden, und überprüfen Sie bei der Auswahl, ob sie gesund sind.

Fragen Sie im Gartencenter nach, wie dort mit Pflanzenschutzmitteln umgegangen wird. Das regt Firmen dazu an, ökologischer zu arbeiten.

REGIONAL KAUFEN

Um den Kauf neuer Pflanzen kommt kein Gartenbesitzer herum. Für die eigene CO_2-Bilanz ist ein Kauf in einer Gärtnerei vor Ort am besten. Wählen Sie Betriebe, die ihre Pflanzen selbst züchten und genau sagen können, wo Saatgut oder Stecklinge herkommen, und ob sie torffrei und ohne chemische Pflanzenschutzmittel arbeiten. Manche Gärtnereien nehmen Töpfe zurück oder verkaufen Pflanzen ohne Plastiktopf und vermeiden so Müll. Erkundigen Sie sich auch beim Einkaufen im Internet, wie die Pflanzen verpackt werden.

Große Gartencenterketten haben nicht immer eine größere Auswahl als die Gärtnerei vor Ort. Und auch wenn sie selbst auf Pflanzenschutzmittel verzichten, kann der Großhändler oder Produzent zuvor damit gearbeitet haben. Selbst als insektenfreundlich gekennzeichnete Pflanzen wurden unter Umständen gespritzt.

TOP TIPP **Fragen Sie beim Pflanzenkauf, welche Erde und Pflanzenschutzmittel verwendet wurden. Produzenten beginnen eher biologisch zu arbeiten, wenn es eine Nachfrage gibt.**

HEIMISCH ODER NICHT?

Es mag klug erscheinen, nur heimische Pflanzen zu kaufen. Aber sie sind nicht immer die beste Wahl. Die bei uns heimische Gelbe Sumpf-Schwertlilie *(Iris pseudacorus)* wuchert kleine Teiche zu. Die kompakte Verschiedenfarbige Schwertlilie *(Iris versicolor)* ist daher die bessere Wahl. In ihrem Laub können Frösche sich ebensogut verstecken. Auch nicht-heimische Pflanzen werden in Bio-Betrieben erzeugt und haben eine gute CO_2-Bilanz. Fragen Sie nach, woher die Pflanzen stammen.

Iris versicolor wächst kompakt und ist ideal für kleine Teiche.

Iris pseudacorus eignet sich für große Naturteiche, wo sie sich ausbreiten kann.

PFLANZENTAUSCH

Neben dem Pflanzentausch mit Freunden bieten viele Gartenvereine Pflanzenbörsen. Zwar kann man dort nicht immer sicher sein, dass die Pflanzen biologisch angebaut wurden, aber ihre CO_2-Bilanz ist meist trotzdem gut. Behalten Sie im Hinterkopf, dass der Gartenbesitzer die Pflanzen vielleicht abgibt, weil sie sich zu schnell ausbreiten.Und fragen Sie den Anbieter auch, ob er den Namen der Pflanze kennt, damit Sie sich keine invasiven Arten oder krankheitsübertragende Pflanzen in den Garten holen.

Selbst vermehrte Pflanzen können Sie gut mit Freunden tauschen. Schließen Sie sich mit anderen Hobbygärtnern Ihrer Gegend zusammen und verabreden Sie, dass jeder vorab andere Pflanzen aufzieht und dann an die anderen abgibt.

BEIM KAUF PRÜFEN

Wenn Sie Pflanzen kaufen oder geschenkt bekommen, prüfen Sie sie genau, bevor Sie sie mit nach Hause nehmen. Untersuchen Sie Triebe und die Ober- und Unterseiten der Blätter auf Schädlinge und Krankheiten und nehmen Sie nur gesunde Pflanzen.

Wenn möglich, ziehen Sie die Pflanze vorsichtig aus dem Topf, um zu prüfen, ob ihre Wurzeln gesund sind. Schauen Sie auch, ob die Pflanze gutes Wachstum aufweist. Trockene Ballen können ein Zeichen für schlechte Pflege sein. Wachsen viele Wurzeln, ist der Topf zu klein. Zu dichte Wurzeln im Topf schränken das Wachstum ein.

Prüfen Sie die Pflanze und die Topfunterseite sorgfältig.

Wenn möglich, nehmen Sie die Pflanze aus dem Topf und prüfen Sie die Wurzeln.

WAS IST BIOSICHERHEIT?

Unter »Biosicherheit« sind die Maßnahmen zu verstehen, die getroffen werden, um Pflanzen frei von Schädlingen und Krankheiten zu halten. Parasiten gelangen oft über Pflanzenimporte ins Land, ein zusätzliches Argument für den Kauf bei lokalen Produzenten. In Europa ist für alle importierten Pflanzen und teilweise für Saatgut ein Pflanzenpass vorgeschrieben. So wird zum Beispiel die Ausbreitung von *Xylella fastidiosa* vermieden. Das verheerende Feuerbakterium löst bei vielen Arten, darunter Oliven, Lavendel und einige Stauden, Krankheiten aus. In den USA gibt es ähnliche Vorschriften.

Selbst für Mini-Oliven ist ein Gesundheitscheck erforderlich.

GUT ZU WISSEN

- Gibt es in der Nähe keinen Biobetrieb, kaufen Sie online.
- Packen Sie die Pflanzen zu Hause so schnell wie möglich aus. Gießen Sie sie und stellen Sie sie kühl auf.
- Wurzelnackte Bäume und Sträucher sind im Herbst erhältlich. Sie können übergangsweise geschützt in eine Erdfurche oder einen Topf gesetzt werden, falls das Auspflanzen gerade nicht möglich ist.

VOR DEM PFLANZEN

Damit Samen zuverlässig keimen und Pflanzen gut anwachsen, sollten sie unter optimalen Bedingungen wachsen können. Jede Bodenart lässt sich mit biologischen Methoden verbessern. Darüber hinaus können Sie die Vielfalt an Arten und Lebensräumen erhöhen, indem Sie neue Beete anlegen und die vorhandenen vergrößern, um noch mehr Platz für Pflanzen zu schaffen.

In fruchtbarem und durchlässigem Boden gedeihen die meisten Pflanzen gut.

NEUE BEETE ANLEGEN

Der beste Zeitpunkt, neue Beete anzulegen, ist im Herbst oder Frühjahr, sobald der Boden abgetrocknet ist. Markieren Sie die Fläche mit einem Schlauch, mit Stöcken oder mit Schnur. Am ordentlichsten wirken Quadrate, Rechtecke, Ovale oder Kreise. Stechen Sie dann mit einem scharfen Spaten kleine Quadrate in den Rasen, schieben Sie das Spatenblatt unter die Wurzeln und heben Sie die Soden heraus. Sie können in einer ungenutzten Gartenecke mit der Erde nach oben kompostiert werden oder als Füllschicht für Hochbeete dienen. Entfernen Sie Steine, Schotter und andere Fremdkörper sowie ausdauernde Unkräuter wie Winde, Ampfer und Brombeeren vom Beet.

Ist die neue Beetfläche stark verunkrautet, legen Sie dicke Pappe auf den Boden und bedecken diese mit einer 10 cm dicken Schicht Erde (S. 64–65). Für diese Methode ist etwas Geduld notwendig: Nach etwa zwölf Monaten sind die Unkräuter abgestorben. Die Pappe verrottet von selbst.

Um die Grasnarbe zu entfernen, schneiden Sie die Wurzeln ab, indem Sie den Spaten unter die Soden schieben.

Graben Sie mehrjährige Unkräuter und andere unerwünschte Pflanzen aus.

SPARSAM UMGRABEN

Traditionell wurde empfohlen, Beete jedes Jahr umzugraben und dabei organisches Material einzuarbeiten, Unkräuter zu entfernen und einer Bodenverdichtung vorzubeugen. Neueren Forschungen zufolge ist es für den Boden und die Umwelt besser, den Boden ungestört zu lassen (s. rechts). Erde ist ein riesiger CO_2-Speicher. Beim Umgraben wird das Treibhausgas in die Atmosphäre freigesetzt, wo es zum Klimawandel beiträgt. Beim Umgraben wird außerdem die natürliche Bodenstruktur zerstört. Er wird dichter, weniger durchlässig und kann Wasser und Nährstoffe schlechter speichern. Beim Umgraben kommen außerdem Unkrautsamen ans Licht und keimen.

DIE NO-DIG-METHODE

Diese Methode ist nicht nur umweltschonender, sondern sie verringert auch den Arbeitsaufwand, verhindert, dass Unkraut wächst, und macht Umgraben unnötig. Legen Sie ein neues Beet an, und verteilen Sie eine 5–10 cm dicke Schicht eigener Erde oder reifen Kompost auf der Fläche. Wenn Sie Kompost kaufen, achten Sie darauf, dass er biologisch ist (s. S. 51). Verteilen Sie auf bestehenden Beeten jeden Herbst Erde oder Kompost. Lassen Sie die Fläche um die Stämme von Bäumen und Sträuchern frei. Regenwürmer ziehen das Material in den Boden, wo Mikroorganismen es zersetzen, und die Pflanzen die freigesetzten Nährstoffe nutzen können. Zusätzlich unterdrückt die dicke Erdschicht Unkräuter, deren Samen Licht zum Keimen benötigen. Einige werden trotzdem keimen, aber aufgrund der lockeren Struktur lassen sie sich leicht aus der Mulchschicht ziehen. Zier- und Nutzpflanzen können Sie direkt in die Mulchschicht pflanzen. Sie wurzeln schnell in tiefere Bodenschichten durch.

Eine dicke Schicht Kompost oder Erde auf den Beeten macht den Boden fruchtbarer und unterdrückt Unkräuter.

TOP TIPP Betreten Sie Beete möglichst nicht, vor allem wenn der Boden nass ist. Er wird dadurch verdichtet. Für Bereiche wie den Gemüsegarten, die viel genutzt werden, sind Hochbeete sinnvoll oder Beetstege aus Brettern, die das Gewicht verteilen. Auch Mulch fängt die Belastung ab.

Eine gesunde Wurmpopulation gehört zu den wertvollsten Bestandteilen eines fruchtbaren Bodens.

WILLKOMMENE WÜRMER

Die No-Dig-Methode fördert die Aktivität von Würmern, die Nährstoffe verfügbar machen und die Bodenstruktur verbessern. Indem sie sich in den Boden graben, entstehen Röhren, die die Drainage des Bodens verbessern und anderen Lebewesen zugute kommen. Ihr Speichel bindet Ton- und Sandpartikel, wodurch die Bodenstruktur stabiler wird. Ihre Wurmhäufchen sind sehr nährstoffreich und enthalten fünfmal so viel Stickstoff, siebenmal so viel Phosphor und 1000-mal so viel nützliche Bakterien wie der ursprüngliche Boden. Wurmhäufchen sorgen dafür, dass der wertvolle Oberboden verbessert wird.

GEEIGNETE ERDE AUSWÄHLEN

Gute Erden sind für Gärtner von unschätzbarem Wert. Manche sind für Topfpflanzen ideal, andere machen Beete fruchtbarer und geben den Pflanzen mehr Halt. Aus Küchenabfällen und Pflanzenresten hergestellte Komposterde ist am umweltfreundlichsten. Haben Sie keine Möglichkeit, selbst Erde herzustellen, kaufen Sie sie. Das ist jedoch weniger ökologisch, vor allem wenn die Erde Torf enthält, der in seltenen Moorflächen abgebaut wird. Diese wichtigen Kohlenstoffsenken beheimaten Pflanzen und Tiere, die nur auf den dortigen sauren Böden leben können. Kaufen Sie torffreie Erde.

Hochwertige, torffreie Erde hat eine lockere Struktur. Wasser läuft gut ab.

ERD-WISSEN

Ob selbstgemacht oder gekauft, Erden bestehen immer aus organischem Material wie verrotteten Holzhäckseln, Laub, Pflanzenteilen oder Ernteresten. Selbst kompostierte Erde kann auch kleine Mengen Pappe oder Papier enthalten. Bestandteile von gekaufter Erde können Torf, Pflanzen- und Kokosfasern, Sand und Steinchen sein. Am umweltfreundlichsten ist eigene Erde (S. 52–53). Jede gekaufte Erde hat eine schlechtere CO_2-Bilanz. Torfhaltige Erden sollten möglichst nicht verwendet werden. Auch Erden, die Stoffe enthalten, die nicht aus der Region stammen oder ein Abfallprodukt konventioneller Landwirtschaft sind, können sich negativ auf die Umwelt auswirken.

TORFFREIE ERDE

Torf wird in Mooren abgebaut. Obwohl Moore nur knapp drei Prozent der Erdoberfläche bedecken, speichern sie über ein Viertel des Bodenkohlenstoffs der Welt. Untersuchungen haben gezeigt, dass durch das Trockenlegen von Mooren und den Torfabbau jedes Jahr mindestens zwei Milliarden Tonnen CO_2 in die Atmosphäre freigesetzt werden. Gleichzeitig gehen dadurch sehr empfindliche Ökosysteme verloren.

Als Biogärtner sollten Sie nur Erde mit der Bezeichnung »torffrei« kaufen, die keine Pflanzenschutzmittel enthält. Die Bezeichnung »bio« ist für diese Aspekte nicht aussagekräftig. Prüfen Sie daher vor dem Erdekauf genau, was auf der Verpackung steht. Praxiserden, auch unter dem Begriff Einheitserden bekannt, enthalten Torf, wenn sie nicht anders ausgezeichnet sind. Auch Mutterboden kann Torf enthalten. Fragen Sie beim Lieferanten nach den Inhaltsstoffen.

Machen Sie Aussaaterde selbst oder kaufen Sie sie torffrei.

Selbstgemachte Erde eignet sich für Zierpflanzen und Gemüse in Töpfen.

Pferdemist aus einem Stall in der Nähe ist eine hervorragende Düngerquelle.

Mistkompost unverpackt anliefern zu lassen, statt ihn in Säcken zu kaufen, ist eine umweltfreundliche Alternative.

VERROTTETER MIST

Tierische Abfälle können den Boden aufwerten. Wie Kompost erhöhen sie die Fruchtbarkeit in den Beeten. Dung ist meist mit Stroh gemischt und verrottet. Er kann bedenkenlos im Garten verwendet werden. Frischer Mist enthält viel Stickstoff, Ammoniak und Salze, die bei Pflanzen zu Verbrennungen führen können. Dieser ursprüngliche Bodenverbesserer wird seit Jahrhunderten verwendet, aber heute sind Gras oder Heu manchmal mit Pflanzenschutzmitteln belastet. Das Ergebnis ist Mist, der schädliche Chemikalien enthält, die Pflanzen absterben lassen. Verwenden Sie daher nur Mist, bei dem Sie sicher sein können, dass er von biologisch bewirtschafteten Höfen oder Ställen stammt.

TOP TIPP Wer selbstgemachten Kompost (S. 52–53) hat, kann daraus Blumenerde herstellen. Dazu sieben Sie den Kompost und mischen ihn zu gleichen Teilen mit Gartenerde und zersetztem Laub zu einem lockeren und nährstoffreichen Substrat, das sich für die meisten Kübelpflanzen eignet. Wenn Sie Aussaaterde benötigen, mischen Sie Gartenerde, Laubkompost und Sand.

LAUBKOMPOST MACHEN

Das krümelige Material ist ein hervorragender Bodenverbesserer und kann in selbstgemachte Blumenerde gemischt werden. Laubkompost lässt sich ganz einfach aus Herbstlaub gewinnen, das man von Wegen, Terrassen und Rasenflächen harkt. Auf Beeten kann das Laub liegenbleiben. Stecken Sie die Blätter in Säcke oder in einen Käfig, den sie aus Pfählen und Kaninchendraht oder Paletten bauen können. Befeuchten Sie das Laub und schließen Sie den Sack mit einem Stein oder legen Sie unbehandelte Bretter auf den Käfig, damit die Blätter nicht verweht werden. Lassen Sie das Laub ein bis zwei Jahre liegen, je nachdem wie fein zersetzt es sein soll.

Rechen Sie Herbstlaub von Rasen- und Pflasterflächen und lassen Sie es in einem Sack oder Käfig zu Laubkompost werden.

EIGENEN KOMPOST ANLEGEN

Eigener Kompost ist für Biogärtner ein wunderbarer, kostenloser Rohstoff. Er macht aus Küchen- und Gartenabfällen nährstoffreiches Material, dass die Bodenstruktur verbessert und Pflanzen ernährt, und das über einen langen Zeitraum. Sie können Kompost kaufen oder selber machen. Sogar in kleinen Gärten lässt sich dieses Naturprodukt ganz einfach selbst herstellen.

Dieser Schnellkomposter erinnert an einen Bienenstock und ist gleichzeitig schön und praktisch.

Kompost verbessert in allen Böden die Struktur und die Nährstoffverfügbarkeit.

WAS KOMPOST BEWIRKT

Sterben Pflanzen ab, zersetzen Bodenorganismen wie Bakterien, Pilze und Würmer die Pflanzenreste zu Humus. Dieses organische Material enthält viele Nährstoffe und die schwammartigen Huminstoffe. Humus verbessert die Bodenstruktur, indem er Tonteilchen bindet, in deren Zwischenräumen sich Röhren bilden, durch die Wasser besser abfließen kann. Gleichzeitig nimmt Humus Wasser auf. Daher erhöht er in durchlässigen Sandböden die Fähigkeit, Wasser zu speichern.

BEHÄLTER AUSWÄHLEN

Kompost kann man als einfachen Haufen aus Küchen- und Gartenabfällen anlegen und ihn mit einem alten Teppich oder einer Plane abdecken. Der Kompostierungsprozess läuft aber schneller ab, wenn das Material isoliert gelagert wird. Kompostbehälter können Sie aus alten Paletten oder Brettern sowie aus Big Bags selber bauen. Diese riesigen Taschen sollten Abflusslöcher haben. Natürlich können Sie auch Komposter kaufen. Manche sind aus Holz, sehen aus wie Bienenstöcke und passen gut in Zier- und Küchengärten. Andere bestehen aus recyceltem Kunststoff. Sie sind weniger hübsch, aber günstig und genauso praktisch. Manche Modelle haben eine Klappe, durch die fertiger Kompost entnommen werden kann. Für große Gärten können zwei Behälter sinnvoll sein.

Achten Sie darauf, dass der Behälter eine weite Öffnung hat, damit er sich leicht befüllen lässt, und einen sicheren, wasserdichten Deckel, der nicht weggeweht wird. Stellen Sie ihn auf Erde oder Rasen, nicht auf befestigte Flächen. Ein Komposter sollte bei jedem Wetter bequem erreichbar sein, und rundum genügend Platz für das Umsetzen und Entnehmen bieten.

Aus alten Paletten kann man einen praktischen Kompostbehälter bauen.

Behälter aus recyceltem Kunststoff sind günstig, leicht aufzubauen und praktisch.

DEN BEHÄLTER FÜLLEN

Achten Sie beim Befüllen des Behälters auf einen guten Materialmix: Rasenschnitt, Unkraut, weiche Triebe, Obst- und Gemüseschalen und Blütenköpfe verrotten schnell und werden »frische Materialien« genannt. Sie werden benötigt, um den Verrottungsprozess anzukurbeln, würden jedoch zu einer stinkenden, feuchten Masse, wenn man sie alleine kompostiert. Daher müssen auch festere Pflanzenmaterialien wie gehäckselter Gehölzschnitt, alte Gartenpflanzen, Küchenpapier und geschredderte Pappe in den Kompost. Diese holzigen Grobmaterialien werden langsam abgebaut, geben dem Kompost aber eine gute Struktur. Schichten Sie zuerst ein paar Zweige zur Belüftung in den Behälter und dann abwechselnd frisches und grobes Material. Wässern Sie beim Aufschichten nach je 30–60 cm. Ist der Haufen zu feucht, geben Sie mehr Grobmaterial hinzu, ist er zu trocken mehr frisches. Beenden Sie nach 6–12 Monaten das Befüllen und lassen Sie den Kompost arbeiten.

Ein Mix aus frischem und grobem Material sorgt für eine gute Struktur und wird zu dunklem, süßlich riechendem Kompost für den Garten.

Holz, Pflanzenreste und Küchenabfälle können kompostiert werden.

FRISCHE KOMPOSTMATERIALIEN

Rasenschnitt • einjährige Unkräuter (ohne Samen) • frische Schalen von Obst und Gemüse, auch Kaffeesatz und Teebeutel ohne Plastik • verwelkte Schnittblumen und Blütenköpfe von Gartenpflanzen

GROBE KOMPOSTMATERIALIEN

Tierstreu, Heu und Stroh von Hamstern, Kaninchen oder Meerschweinchen • frischer Heckenschnitt • Gehölzschnitt (gehäckselt) • Holzasche • trockenes Laub • Pappe, Eierkartons, Küchenpapier, kleine Mengen Zeitungspapier • Hobelspäne von unbehandeltem Holz • Hühner-, Pferde- oder Rindermist

NICHT KOMPOSTIEREN

kranke Pflanzen • ausdauernde Unkräuter • Fleisch • Fisch • gekochte Speisen • Kohle • Katzen- und Hundekot • beschichtetes Papier

KOMPOST UMSETZEN

Damit der Kompost seine vollen Kräfte entwickeln kann, braucht er Luft. Sie ist sowohl für die Mikroorganismen wichtig, die den Zersetzungsprozess starten, als auch für die größeren Bodenlebewesen die das Material weiter zersetzen, wenn der Haufen kühler wird. Wenden Sie den Kompost alle paar Wochen, damit mehr Luft in den Haufen kommt. Nach einiger Zeit beginnen die Mikroorganismen wieder zu arbeiten, was sich bemerkbar macht, weil das Material wieder wärmer wird. Im Winter, wenn es kälter ist, dauert die Zersetzung länger. Befüllen Sie den Kompost dann langsamer. Ist der Prozess abgeschlossen, haben Sie ein dunkles, süßlich reichendes, feinkrümeliges Material zur Verfügung, um Zier- oder Gemüsebeete damit zu mulchen. Sie können es auch mit Laubkompost und Gartenerde gemischt für Kübelpflanzen verwenden (S. 51).

Um die Zersetzung zu beschleunigen, wird das Material mit einer Grabegabel gewendet.

GEMÜSE SELBST ANBAUEN

Wer Obst und Gemüse in einem kleinen Gemüsegarten oder in Gefäßen auf der Terrasse oder auf dem Balkon anbaut, kann frische Lebensmittel mit einem sehr kleinen CO2-Fußabdruck genießen. Mit Saatgut aus dem eigenen Garten und durch biologisches Gärtnern können Sie außerdem sicher sein, dass die Lebensmittel, die Sie essen, nicht mit Stoffen behandelt sind, die Ihnen oder der Umwelt schaden.

'Boltardy' ist eine beliebte und schossfeste Rote Bete-Sorte.

Ein gut geplanter Gemüsegarten kann Ihre Familie das ganze Jahr mit gehaltvollen Bioprodukten versorgen.

WARUM EIGENES GEMÜSE?

Wer sein Gemüse selbst anbaut, weiß, unter welchen Bedingungen es gewachsen ist. Außerdem können Sie dafür sorgen, dass die Anbaumethoden auf Sie, aber auch auf Bienen und andere Bestäuber einen positiven Effekt haben. Der Verzicht auf gesundheitsschädliche Chemikalien schützt auch die Umwelt vor Schäden. Zusätzlich können Sie Sorten mit einem hohen Gehalt an sekundären Pflanzenstoffen wählen, die Studien zufolge gut für die Gesundheit sind. Im Handel sind solche Sorten nur schwer zu finden (S. 56).

EIN GUTER STANDORT FÜR DEN GEMÜSEGARTEN

Legen Sie Gemüsegärten auf einer ebenen, geschützen Fläche an. Die meisten Gemüsekulturen benötigen viel Sonne, einige Blattgemüsearten gedeihen auch im Halbschatten. Die Fläche muss nicht groß sein. Schon auf 1 qm können Sie von Frühsommer bis Herbst verschiedene Kulturen angebauen und ernten. Kompakte Arten können Sie auch in Töpfen auf dem Balkon oder der Terrasse anbauen. Die Pflege des Gemüsegartens ist einfacher, wenn ein Wasseranschluss oder eine Regentonne in der Nähe sind.

Bauen Sie Gemüse möglichst nah an einem Wasseranschluss an.

GEMÜSEBEETE ANLEGEN

Bereiten Sie die Fläche im Herbst vor. Entfernen Sie Steine und ausdauernde Unkräuter wie Brombeeren, Löwenzahn und Winde möglichst mit den Wurzeln aus der Erde. Hacken Sie einjährige Unkräuter (S. 64–65). Bedecken Sie dann den Boden mit einer 5 cm dicken Schicht Kompost oder abgelagertem Mist aus einer regionalen Quelle (S. 51). Kompost oder Mist werden von Würmern in den Boden gezogen, was die enthaltenen Nährstoffe freisetzt und die Bodenstruktur verbessert.

Mit einer Ziehhacke lassen sich flachwurzelnde, einjährige Unkräuter entfernen.

Gemüse im Topf kann man in der Nähe der Küche aufstellen.

GEMÜSE FÜR TÖPFE

Viele Gemüsarten können gut in großen Töpfen oder auch halbierten Fässern und alten Mülltonnen angebaut werden. Füllen Sie sie mit torffreier Erde und bepflanzen Sie sie mit einer der unten genannten Kulturen. Große Gefäße müssen zwar seltener gegossen werden als kleinere, aber je näher Sie sie an einem Wasseranschluss aufstellen, desto weniger müssen Sie die schweren Gießkannen schleppen.

Probieren Sie diese Kulturen:
Aubergine* • Kräuter • Lauchzwiebel • Mangold • Möhre • Paprika* • Radieschen • Rote Bete • Salat • Tomate* • Zucchini*

* erst nach dem Frost auspflanzen

Rotklee ist eine attraktive und schnellwachsende Gründüngepflanze.

GRÜNDÜNGUNG AUSSÄEN

Haben Sie Platz für zwei Flächen, können Sie auf einer den Boden mit einer Gründüngung verbessern, während Sie von der anderen ernten. Im nächsten Jahr werden die Flächen getauscht. Leguminosen wie Rotklee und Bohnen nehmen den für Pflanzen wichtigen Stickstoff (S. 63) aus der Luft auf. Die meisten anderen Pflanzen tun dies in gelöster Form über die Wurzeln. Gründüngepflanzen werden im Spätsommer ausgesät und im Frühjahr in den Boden eingearbeitet, wobei der Stickstoff für die Sommerkulturen verfügbar wird. Blühende Gründüngepflanzen wie Bienenfreund und Inkarnatklee können im Frühjahr gesät werden, wenn die Winterkulturen abgeerntet sind. Sie liefern Bestäubern Nahrung, bis sie im Sommer in den Boden eingearbeitet werden.

TOP TIPP Um ein befülltes Pflanzgefäß weiterzuverwenden, schütten Sie Kompost auf die Erde und setzen Sie eine anderes Gemüse hinein, das nicht von den gleichen Schädlingen und Krankheiten befallen wird wie die Vorgängerpflanze. Tomaten können auf Möhren folgen, Rote Bete auf Zucchini.

ANBAUPLÄNE ERSTELLEN

Das Gemüsebeet sorgfältig zu planen, zahlt sich aus. Um über mehrere Monate immer genug ernten zu können, schreiben Sie zuerst auf, was Sie wann anbauen möchten. Sie können mehrere, schnell wachsende Gemüsearten, die im Früh- und Spätsommer mehrfach geerntet werden können, mit Arten kombinieren, die zum Reifen länger brauchen. Probieren Sie auch Schwarzwurzeln oder Oca aus, die es im Laden nur selten zu kaufen gibt. Stellen Sie einen eigenen Plan mit Ihrem Lieblingsgemüse auf oder nutzen Sie unseren Vorschlag, der für Anfänger geeignet ist.

GEMÜSE AUSWÄHLEN

Natürlich wollen Sie Gemüsearten anbauen, die Sie gerne essen. Um Enttäuschungen zu vermeiden, prüfen Sie aber vorher, ob Ihr Garten geeignet ist. Experimentieren Sie für eine größere Geschmacksvielfalt und das Optimum an Inhaltsstoffen mit verschiedenen Sorten. Violette Möhren zum Beispiel enthalten neben dem Karotin, das in orangenen Sorten ist, viele Anthocyane. Sie schützen besser vor Krebs und Entzündungskrankheiten als die üblichen im Laden erhältlichen Sorten. Auch bei anderen Gemüsearten wie Salat, Zwiebeln und Kohl sind die violetten Sorten gesünder.

Violette und orange Möhren anzubauen, sorgt für Geschmacksvielfalt.

Säen Sie Koriander zwischen schnell wachsende Kulturen. Aus diesem Beet sind Spinat und Pflücksalat schon geernt, bis der Koriander groß ist.

MEHR ERNTEN

Gemüsearten mit kurzer Anbauzeit wie Pflücksalat, Lauchzwiebeln und Radieschen können zwischen Arten angebaut werden, die länger brauchen, wie Zuckermais, Kohl, Pastinaken und Tomaten. Diese Anbaumethode wird Mischkultur genannt. Sie ist besonders praktisch, wenn Ihr Garten klein ist.

Säen Sie Gemüsearten mit kurzer Anbauzeit alle sechs Wochen in kleinen Mengen aus. So ist nie zu viel gleichzeitig reif und Sie können länger ernten. Bedenken Sie, dass manche Gemüsearten im Haus vorgezogen und erst nach den letzten Frösten nach draußen gepflanzt werden sollten. Dazu gehören Tomaten, Zucchini, Garten- und Feuerbohnen, Gurken und Auberginen.

EINFACHER ANBAUPLAN

Dieser einfach gehaltene Anbauplan ist ideal für Gartenanfänger. Er enthält Gemüsearten, die leicht anzubauen sind, und liefert von Frühsommer bis Herbst eine gute Ernte. Mehr Informationen zu den Arten finden Sie auf den Samentüten oder auf guten Internetseiten. Haben Sie nicht genug Platz für alle Beete, suchen Sie sich einfach so viele Ihrer Lieblingsgemüsearten heraus, wie auf Ihre Fläche passen. Zwischen Zuckermais können Sie Rote Bete und Salat säen.

OBEN Zuckermais x 9 • Sommerkürbis x 1 • Feuerbohne x 8 • Gartenbohnen x 6 • Spätkartoffeln x 4

MITTE Kleine Strauchtomaten x 5 • Gurken x 3 • Grünkohl x 4 • Zucchini x 2

UNTEN Rote Bete x 20 • Möhren x 40 • Radieschen x 40 • Mangold x 8 • Kohlrabi x 12 • Asia-Gemüse x 20 • Salat x 20 • Koriander x 6 • Petersilie x 4

GUT ZU WISSEN

- Halten Sie die Beete unkrautfrei (S. 64–65).
- Ziehen Sie empfindliche Gemüsearten im Haus vor und pflanzen Sie sie nach den letzten Frösten ins Freie.
- Schützen Sie Möhren und Kohl vor Schädlingen (S. 66–69).
- Bauen Sie für Garten- und Feuerbohnen Bohnentipis.
- Gießen Sie das Gemüse in Trockenphasen. Sehr empfindlich sind Jungpflanzen.

FRUCHTWECHSEL

Pflanzen Sie eine Gemüseart nicht mehrere Jahre auf dieselbe Fläche. Sonst tauchen Schädlinge und Krankheiten auf und der Boden wird von bestimmten Nährstoffen ausgelaugt. Gemüse lässt sich in drei Gruppen mit ähnlichem Nährstoffbedarf:

WURZELN, KNOLLEN, BLÄTTER Hierzu zählen Kartoffeln, Rote Bete, Möhren, Porree, Zwiebeln, Mangold, Spinat.

ERBSEN, BOHNEN, FRUCHTGEMÜSE Neben Hülsenfrüchten gehören Tomaten, Paprika, Chili, Zucchini, Auberginen, Gurken und Kürbis dazu.

KOHLGEWÄCHSE Zur botanischen Gattung Brassicaceae zählen Weiß- und Rotkohl, Grünkohl, Rosenkohl, Mairübchen, Radieschen, Brokkoli, Kohlrabi und Asia-Gemüse.

Nutzen Sie ein Beet im ersten Jahr für Wurzeln, im Folgejahr für Erbsen und Bohnen, die es mit Stickstoff anreichern (S. 55), und im dritten Jahr für Kohlgewächse. Mais, Kräuter und Salate können überall gepflanzt werden.

Mangold pflanzt man zu anderen Blattgemüsen oder Zwiebeln.

OBST SELBST ANBAUEN

Obst anzubauen, ist eine der einfachsten Möglichkeiten, die eigene Familie mit köstlichen Lebensmitteln zu versorgen und gleichzeitig die Umwelt zu schützen. Bäume und Sträucher tragen jedes Jahr Früchte, brauchen aber nur wenig Pflege. Blüten, Blätter und Fallobst sind nützlich für Bestäuber und andere Tiere. Früchte sind reich an sekundären Pflanzenstoffen, die vor vielen Krankheiten schützen.

Heidelbeeren tragen glöckchenförmige Blüten, aus denen Beeren reifen. Diese zählen zum sogenannten »Superfood«.

Bäume auf schwach wachsenden Unterlagen eignen sich für kleine Gärten.

OBSTGEHÖLZE EINKAUFEN

Kaufen Sie Obstgehölze bei Biobetrieben. So können Sie sicher sein, dass die Pflanzen nicht chemisch behandelt, sondern mit biologischen Anbaumethoden in torffreier Erde gezogen wurden. Die meisten Baumschulen bieten gute Beratung zu den Pflanzen, die Sie dort kaufen können. Auch das Internet ist eine gute Informationsquelle.

OBSTBÄUME AUSWÄHLEN

Obstbäume wie Apfel, Pflaume und Kirsche nutzen einer Vielzahl an Tieren und tragen zur Milderung des Klimawandels bei (S. 16–19). Gehölze, die auf schwach wachsenden Unterlagen veredelt wurden, eignen sich für kleine Gärten. Spezialisierte Baumschulen beraten ihre Kunden, welche Gehölze am besten zu ihren Gärten passen. Apfelbäume werden zum Beispiel auf M27-Unterlagen angeboten. Auf diese Weise gezüchtete Gehölze bleiben klein und gedeihen auch in Töpfen. MM106-Unterlagen ergeben mittelstark wachsende Bäume, die für größere Gärten geeignet sind. Alte Sorten tragen zum Erhalt der Artenvielfalt bei. Regionale Sorten sind an das lokale Klima angepasst und werden in Ihrem Garten wahrscheinlich gut gedeihen. Erkundigen Sie sich, ob Ihr Baum eine bestimmte Befruchtersorte benötigt. Wurzelnackte Gehölze sind günstiger als Containerware. Sie sind aber nur im Herbst erhältlich.

Möchten Sie nur einen Baum pflanzen, achten Sie darauf eine selbstbefruchtende Sorte wie 'Gorham' zu wählen.

BESTE BEEREN

Pflanzen Sie außer Obstbäumen auch einige Beerensträucher. Sie brauchen weniger Platz, bringen aber oft einen ebensogroßen Ertrag. Der Anbau von Brombeeren ist einfach und funktioniert sogar im Halbschatten. Himbeeren und Loganbeeren kommen gleich an zweiter Stelle, brauchen aber volle Sonne, damit die Früchte reif werden. Setzen Sie Brombeeren und Loganbeeren mit etwa 45 cm Abstand zu Mauern oder Zäunen und gestalten Sie einen fruchttragenden Sichtschutz, indem Sie die Triebe entlang stabiler, waagerecht gespannter Drähte leiten. Himbeeren wachsen am besten in Beeten an einem Gestell aus Pfosten und Drähten. Bauen Sie möglichst sommer- und herbsttragende Sorten an.

Noch artenreicher wird Ihr Garten, wenn Sie unbekanntere Fruchtgehölze wie die Apfelbeere (*Aronia*) pflanzen. Sie kann mit Ziersträuchern in den Halbschatten eines Baums gepflanzt werden. Die Früchte der Chilenischen Guave (*Ugni molinae*) haben ein leichtes Erdbeeraroma. Die Pflanzen brauchen einen warmen, geschützten Platz und sauren Boden. Ist Ihr Boden basisch, setzen Sie sie in einen Kübel mit Moorbeeterde.

Die schwarzen Früchte und das rote Laub der Apfelbeere sind sehr dekorativ.

OBST IN TÖPFEN

Auf kleiner Fläche kann Obst auch in Töpfen angebaut werden. Erdbeeren wachsen zwei oder drei Jahre lang gut in Ampeln oder Töpfen. Ihre Vermehrung ist einfach. Dazu setzen Sie Ableger in einzelne Töpfe und halten sie feucht, bis sich Wurzeln gebildet haben. Dann werden die langen Triebe zur Mutterpflanze gekappt. Heidelbeeren gedeihen ebenfalls in Töpfen. Für eine gute Ernte sind jedoch mindestens zwei Sträucher notwendig. Die vitaminreichen Beeren brauchen einen sauren Boden. Auch wenn dieser in Ihrem Garten nicht vorhanden sind, können Sie sie in Töpfen anbauen. Verwenden Sie biologische Moorbeeterde. Auch Rote und Weiße Johannisbeeren gedeihen in großen Töpfen gut und tragen im Sommer lange Rispen voller Beeren, die viele gesunde Inhaltstoffe haben. Ziehen Sie die Triebe an Drähten an einem Zaun oder einer Mauer, erreicht das Sonnenlicht alle Früchte.

Rote Johannisbeere lässt sich leicht anbauen und sieht schön aus.

GUT ZU WISSEN

- Gießen Sie neu gepflanzte Sträucher im ersten Jahr vor allem in Trockenperioden reichlich. Bäume gießen Sie, bis sie nach etwa fünf Jahren gut eingewachsen sind.
- Achten Sie darauf, dass in Töpfen keine Staunässe entsteht. Stellen Sie sie erhöht auf Füßchen, so dass überschüssiges Wasser gut ablaufen kann.
- Pflanzen in Töpfen müssen in Wärmeperioden ein bis zweimal wöchentlich gegossen werden. Gießen Sie mit einer Brause und mindestens eine volle Kanne pro Pflanze.

Erdbeeren können Sie in Ampeln aufhängen, um sie leichter zu ernten.

BLUMENRASEN ANLEGEN

So gepflegt eine große, grüne Rasenfläche auch aussieht: Aus ökologischer Sicht sind kurzgeschorene, unkrautfreie Grasflächen statt bunter Vielfalt ein Desaster. Mäher, Laubbläser und Rasendünger bilden ein gefährliches Trio: Laut einer US-amerikanischen Studie verursachen Benzinmäher bis zu fünf Prozent der Luftverschmutzung der USA. Um diesem Trend etwas entgegenzusetzen und Tieren ein Zuhause zu geben, brauchen Sie lediglich Ihre Pflegegewohnheiten etwas zu verändern: Lassen Sie Gräser und Wildblumen höher wachsen und Blüten ansetzen.

DAS GRAS WACHSEN LASSEN

Ein kurzgemähter Rasenteppich ist ein weicher und natürlicher Untergrund, bietet heimischen Tieren jedoch wenig Wertvolles. Wird er seltener gemäht, kommen Wildblumen wie Klee, Butterblumen, Gänseblümchen, Breitwegerich und Hornklee *(Lotus corniculatus)* zum Vorschein, die in fast jedem Rasen zu finden sind. Dürfen sie blühen, finden Bestäuber und die Raupen von Schmetterlingen Nahrung. Insekten, die sich in höherem Gras fortpflanzen, sind wie die Samen der Gräser eine wichtige Nahrungsquelle für Vögel. Klee reichert den Boden mit Stickstoff an und schafft so ideale Bedingungen für dichtes Grün.

Wenn Sie mähen müssen, lassen Sie einen Teil des Rasenschnitts auf der Fläche liegen. Bei seiner Zersetzung wird so viel Stickstoff frei, dass etwa ein Drittel des Nährstoffbedarfs der Rasenfläche gedeckt ist. Zusammen mit dem positiven Effekt von Klee ist dann kein Rasendünger mehr notwendig. Mähen Sie nur alle drei Wochen, wirkt sich das günstig auf das Tierleben aus. Mit einem Handmäher oder einer Sense senken Sie Ihren CO_2-Fußabdruck. Eine Rasenfläche sollte keine Bewässerung brauchen. Gräser vertragen Trockenheit, wenn man sie länger wachsen lässt und erholen sich schnell, sobald es regnet.

UNKRAUT LOSWERDEN

Studien haben gezeigt, dass in stark gemähten Rasenflächen mehr Unkraut wächst. Durch Rasenmähen wird der Boden zwischen den Halmen freigelegt, sodass Unkrautsamen keimen können. Die meisten Blüten kann man in längerem Gras einfach stehen lassen. Löwenzahn und Ampfer überwuchen manchmal allerdings ganze Flächen und beeinträchtigen dann die Artenvielfalt. Verwenden Sie keine chemischen Mittel, sondern stechen Sie sie mit einem Messer oder einer Pflanzkelle aus oder entfernen Sie das Laub von Hand. Ist die Rasenfläche zum Jäten zu groß, machen Sie eine Wiese daraus.

Statt Unkräuter in großen Rasenflächen zu bekämpfen, lassen Sie einige blühen. Für Tiere sind solche Flächen ein Schatz.

Entfernen Sie hartnäckige Unkräuter wie Löwenzahn, bevor Sie sich ausbreiten.

RASEN IN WIESE UMWANDELN

Düngen und jäten Sie einen Teil der Rasenfläche zwei Jahre lang nicht, wachsen Blühpflanzen zwischen den Gräsern. Schon eine kleine Wiese dient als Lebensraum für Insekten. Vögel und Kleintiere finden dort Unterschlupf und Nahrung. Manchmal dauert es ein paar Jahre, bis ein gutes Gleichgewicht aus Gräsern und Wildblumen entsteht. Langfristig entwickelt sich aber ein vielfältiges Ökosystem. Entfernen Sie hartnäckige Unkräuter von Hand.

1 Einige Wildblumenarten werden sich in der Rasenfäche schon angesiedelt haben. Ziehen Sie weitere aus Samen in Töpfen vor oder kaufen Sie Jungpflanzen von spezialisierten Betrieben. Der Kleine Klappertopf (*Rhinanthus minor*) ist besonders nützlich, denn er entzieht den Graswurzeln Nährstoffe, sodass mehr Blühpflanzen wachsen können. Entfernen Sie im Frühjahr Teile der Grasnarbe und pflanzen oder säen Sie dort.

2 Ein bunter Mix entsteht, wenn Sie im Frühjahr einjährige Wildblumen wie Mohn, Kornblumen und Kornrade zwischen die Gräser säen.

3 Haben die Wildblumen im Spätsommer Samen angesetzt, mähen Sie die Fläche mindestens 5 cm hoch. Lassen Sie den Schnitt eine Woche liegen, sodass die Samen abfallen.

4 Entfernen und kompostieren Sie das Schnittgut nach einer Woche. Bleibt es auf der Fläche und verrottet, gelangen Nährstoffe in den Boden, was Gräser fördert und Wildblumen verdrängt.

TOP TIPP Wünschen Sie sich eine grüne Fläche, die kaum gemäht werden muss, säen Sie Mikroklee *(Trifolium repens)* aus. Er verträgt Trockenheit und ist trittfest, muss aber alle zwei bis drei Jahre nachgesät werden.

1

2

3

4

PFLANZEN DÜNGEN

Es gibt viele biologische Möglichkeiten, Pflanzen zu düngen, um sie gesund und kräftig zu halten. Organische Dünger wie eigener Kompost aus Mist und Pflanzenresten setzen Nährstoffe langsam frei. So können Pflanzenwurzeln sie dann aufnehmen, wenn sie sie benötigen. Außerdem verbessern sie die Bodenstruktur: Der Boden speichert Nährstoffe und Wasser, wird aber gut durchlässig. Aus Beinwell und Brennnesseln kann man Dünger leicht selbst herstellen. Sie sind eine gute Nährstoffquelle für hungrige Pflanzen. Das gilt für Topfpflanzenwie für fruchttragende Nutzpflanzen.

Tomaten sind »hungrig«. Für eine gute Fruchtbildung brauchen sie Kalium.

WELCHE PFLANZEN BRAUCHEN DÜNGER?

In der Natur haben Pflanzen des gleichen Ökosystems ähnlichen Nährstoffbedarf. Im Garten stehen jedoch unterschiedliche Arten dicht beeinander. Einige brauchen mehr Nährstoffe, um gut zu wachsen. Fruchtgemüse benötigt Dünger, vor allem wenn es in Töpfen angebaut wird. Auch Blühpflanzen, Bäume und Sträucher in Beeten profitieren von Kompost, damit sie ausreichend mit Nährstoffen versorgt sind (S. 48–53). Den Kompost verteilt man jährlich im Frühjahr oder Herbst in einer 5–10 cm dicken Schicht. Wo viele Bäume und Sträucher stehen und viel Laub liegen bleibt, ist diese Mulchschicht nicht nötig. Das Laub zersetzt sich und die Nährstoffe werden wieder für die Pflanzen verfügbar.

WENIGER DÜNGEN, BESSERER ERTRAG

Pflanzen zu überdüngen, kann auch schädlich sein. Bei Arten, die vorrangig Blüten bilden sollen, kann ein Überangebot an Nährstoffen, allen voran Stickstoff, dazu führen, dass sie Blätter, aber kaum Blüten bilden. Manche Nutzpflanzen enthalten mehr das Immunsystem stärkende sekundäre Pflanzenstoffe, wenn sie weniger Nährstoffe bekommen. Überdüngung ist generell schlecht für die Umwelt. Ausgewaschene Nährstoffe sammeln sich in Oberflächengewässern und im Grundwasser. Zeigen Ihre Pflanzen keinen Mangel wie schlechtes Wachstum oder verfärbte Blätter, düngen Sie sie allenfalls biologisch.

Weniger Dünger und direktes Sonnenlicht bewirken, dass Gemüse mehr gesunde, sekundäre Pflanzenstoffe produziert.

PFLANZEN IN TÖPFEN

Pflanzen in Töpfen leiden häufiger unter Nährstoffmangel als solche, die im Boden stehen. Stehen sie länger als ein Jahr im Topf, entfernen Sie im Frühjahr die obere Schicht Erde und füllen Sie Kompost oder abgelagerten Mist nach. Sie setzen Nährstoffe langsam frei und halten die Pflanzen gesund. Sommerblumen und Gemüse können mit selbstgemachtem Dünger wie Beinwell- oder Brennnesseljauche eine Extraportion Nährstoffe erhalten. Algenextrakt gibt es zu kaufen. Es versorgt Pflanzen mit Kalium (s. rechts) und Spurenelementen wie Eisen, die sie nur in geringen Mengen benötigen. Dünger auf Algenbasis sollte immer aus zertifizierter Herstellung stammen.

Bäume, Sträucher und andere Pflanzen im Topf sollten Sie einmal im Jahr mit Kompost oder verrottetem Mist düngen.

MAKRONÄHRSTOFFE

Diese drei Nährstoffe sind für Pflanzen besonders wichtig. Moorbeetpflanzen benötigen zusätzlich Eisen.

STICKSTOFF (N) fördert die Blattentwicklung. Bei Mangel wird das Laub gelb und wächst kümmerlich.

KALIUM (K) sorgt für die Bildung von Blüten und Früchten und macht Pflanzen kälteresistenter. Kaliummangel zeigt sich an schlecht entwickelten Blüten und Früchten sowie gelbem und violettem Laub mit braunen Rändern.

PHOSPHOR (P) unterstützt das Wurzelsystem. Bei Mangel entwickelt es sich schlecht. Phosphormangel ist außer in sehr lehmigen Gegenden mit starken Niederschlägen selten.

EIGENEN DÜNGER HERSTELLEN

Beinwell und Brennnessel lassen sich zu besten Düngern verarbeiten. Beinwell (*Symphytum officinale*) ist sehr kaliumhaltig, Brennnesseln enthalten viel Stickstoff. Beide Pflanzen sind außerdem gute Nahrungspflanzen für Bestäuber. Um daraus Jauchen herzustellen, verwenden Sie 1 kg Beinwellblätter auf 15 Liter Wasser oder 1 kg Brennnesseln auf 10 Liter Wasser.

1 Sammeln Sie Blätter und nicht-blühende Triebe oder ernten Sie die Pflanzenteile nach der Blüte.
2 Hacken Sie die Pflanzen klein und füllen Sie sie in einen Eimer oder ein anderes Gefäß mit Deckel. Beschweren Sie die Pflanzen mit einem Stein. Geben Sie Wasser (möglichst Regenwasser) hinzu und decken Sie den Mix ab. Beinwell sollte sechs Wochen ziehen, Brennnessel drei bis vier.
3 Seihen Sie die stark riechende Flüssigkeit in verschließbare Flaschen und lagern Sie sie kühl. Vor dem Ausbringen mischen Sie die Jauche mit Regenwasserim Verhältnis 1:10.

1

2

3

UNKRAUT IN SCHACH HALTEN

Als Unkräuter werden Pflanzen bezeichnet, die den Garten überwuchern, wenn sie nicht in Schach gehalten werden. Sie sollten regelmäßig entfernt werden. Nicht alle sind schädlich. Überlegen Sie, welche Sie bekämpfen. Stinkender Storchschnabel zum Beispiel dient Bestäubern als Futterquelle und lässt sich leicht aus der Erde ziehen. Schmetterlingsraupen ernähren sich von Brennnesseln.

Beim Jäten von Hand wird das Gemüse nicht so leicht verletzt.

Löwenzahn sät sich stark aus. Entfernen Sie die Blüten möglichst schnell.

WAS WIRD GEJÄTET?

Unkräuter konkurrieren mit anderen Pflanzen um Licht, Nährstoffe und Wasser und können die Artenvielfalt im Garten einschränken. Viele Arten sind gut für die Tierwelt, können aber den ganzen Garten übernehmen und so das Nahrungsangebot und die Vielfalt an tierischen Gästen verringern.

Auch Brombeeren gehören zu den Pflanzen, die sich sehr stark ausbreiten. Aus ihrem weitläufigen Wurzelsystem treiben neue Pflanzen, Vögel fressen die Beeren und verbreiten über den Kot die Samen. Wenn ein Brombeertrieb den Boden berührt, kann daraus eine neue Pflanze wachsen. Wählen Sie Sorten wie 'Loch Ness', die nicht zum Wuchern neigen. Löwenzahn sollten Sie in Schach halten. Jede Pflanze produziert bis zu 5000 Samen pro Jahr, die den Garten schnell mit einem dichten Blütenteppich überziehen. Die Blüten dienen zwar als Bienennahrung, aber es gibt Pflanzen, die dafür besser geeignet sind.

Unkräuter können der Gartenfauna nutzen. Die Raupen von C-Falter, Rotem Admiral und Kleinem Fuchs brauchen Brennnesseln. Achten Sie darauf, dass die Pflanze sich nicht zu stark ausbreitet oder überlassen Sie ihr eine »wilde Ecke« (S. 122).

Dicht bepflanzte Beete lassen weniger Platz für Unkraut.

DICHT AN DICHT

Eine der besten Möglichkeiten, Unkräuter in Schach zu halten, ist es, Beete dicht mit Ihren Wunschpflanzen zu bestücken. Ihr Laub bildet eine dichte Decke und Unkrautsamen finden weder Platz noch Licht zum Keimen. Nur im Frühjahr müssen Sie aufmerksam sein. Ihre Pflanzen sind dann noch klein und der Boden liegt frei. Entfernen Sie in dieser Phase Unkraut, sobald Sie es entdecken.

AUSDAUERNDE UNKRÄUTER

Ackerwinde, Brombeere, Löwenzahn, Quecke, Giersch und Schachtelhalm sind sehr lästige Unkräuter, die man nur schwer los wird. Greifen Sie jedoch nie zu Chemie, denn Unkrautvernichter schädigen Bestäuber wie Bienen und verunreinigen Gewässer. Einige Studien halten sie sogar für krebserregend. Eine langfristige Lösung bieten sie ohnehin nicht, denn die Wurzeln der Unkräuter können sich aus Nachbargärten ausbreiten, auf die Sie keinen Einfluss haben und auch Samen finden immer einen Weg.

Graben Sie solche Unkräuter stattdessen aus und entfernen Sie alle Wurzeln. Markieren Sie die Stelle, wo das Unkraut stand und prüfen Sie, ob es nachwächst. Sobald sich neue Triebe zeigen, entfernen Sie sie. Hat das Unkraut bereits große Flächen eingenommen, bedecken Sie diese mit einem alten Teppich oder anderen lichtdichten Materialien. Lassen Sie die Stelle mindestens zwölf Monate abgedeckt. Das Unkraut darunter stirbt ab. Wachsen Ackerwinde oder Löwenzahn sehr nah an Ihren Pflanzen, entfernen Sie alle Blätter und Triebe oberirdisch. Die Unkräuter sterben dann nicht, aber sie werden geschwächt und sie konkurrieren nicht mehr mit Ihren Pflanzen um Licht und Nährstoffe.

Schachtelhalm ist ein wüchsiges Unkraut. Er sollte sorgfältig ausgegraben werden, damit er nicht nachwächst.

GUT ZU WISSEN

- Viele ausdauernde Unkräuter wachsen selbst aus winzigen Wurzelteilen weiter oder können an Triebteilen Wurzeln bilden.
- Normale Komposthaufen werden nicht heiß genug, um Unkräuter zu zerstören. Kompostieren Sie sie nicht.
- Stecken Sie sie stattdessen nach dem Herausziehen in stabile, biologisch abbaubare Säcke und lagern Sie diese vollständig dunkel. Nach zwei bis drei Jahren sind Unkräuter so verrottet, dass sie auf den Kompost können.

ERFOLGREICH HACKEN

Entfernen Sie einjährige Unkräuter wie Vogelmiere, Gewöhnliches Greiskraut und Weißen Gänsefuß, sobald Sie sie entdecken. Ziehen Sie große Pflanzen vor der Blüte von Hand aus dem Boden oder hacken Sie die Sämlinge, sobald sie erscheinen. Lernen Sie, wie die Pflanzen in den verschiedenen Stadien aussehen, sodass Sie sie zuverlässig erkennen. Trennen Sie an einem trockenen Tag die oberirdischen Pflanzenteile mit einer Ziehhacke von den Wurzeln. Lassen Sie Laub und Stiele im Beet trocknen, bevor Sie sie kompostieren.

Sämlinge von einjährigem Unkraut lassen sich leicht mit der Hacke entfernen.

SCHÄDLINGE FERNHALTEN

Blattläuse, Schnecken und viele andere Pflanzenschädlinge können Nutz- und Zierpflanzen zum Verhängnis werden. Bekämpfen Sie sie ohne chemische Hilfsmittel, denn die schädigen auch andere Organismen. Am wirksamsten ist es, natürliche Gegenspieler von Schädlingen wie Frösche, Kröten, Marienkäfer und Schwebfliegen in den Garten zu locken, wo sie als unsere Verbündete Schädlinge dezimieren. Kontrollieren Sie regelmäßig, ob Ihre Pflanzen befallen sind, und handeln Sie, bevor die Schäden ernst werden. Auch das zählt zum biologischen Pflanzenschutz.

Farne bieten Fröschen und Kröten auf Schädlingsjagd Unterschlupf.

SCHÄDLINGE FERNHALTEN

Insekten, Vögel und Kleintiere können Freund und Feind sein, je nachdem was sie gerade fressen. Statt einen dauernden Kampf gegen Schädlinge zu führen, wählen Sie Pflanzen, die in Ihrem Garten gut gedeihen. Gesunde Pflanzen vertragen einen Befall besser als schwache. Wählen Sie außerdem Arten, die nur selten befallen werden. Funkien zum Beispiel sind schöne Schattenpflanzen, aber bei Schnecken beliebt. Farne gedeihen auf den gleichen Standorten, werden aber kaum befallen. An sonnigeren Stellen lieben Schnecken Dahlien, Salate und Basilikum. Pflanzen Sie stattdessen Hohe Fetthenne (*Hylotelephium spectabile*), Mangold und Thymian, die widerstandsfähiger sind.

NÜTZLINGE FÖRDERN

Eine der besten Verteidungsstrategien gegen Schädlinge ist es, ihre Gegenspieler in den Garten zu locken. Vögel sind Allesfresser. Drosseln und Amseln verspeisen sogar Schnecken. Spatzen verfüttern im Frühjahr und Frühsommer Blattläuse an ihre Jungen. Zusätzliche Nahrungsquellen wie fruchttragende Gehölze und Futterspender machen Ihren Garten für sie attraktiv.

Auch Frösche und Kröten sind nützlich. Sie fressen Schnecken und Insekten und halten viele Schädlinge fern. Amphibien brauchen Wasser und großblättrige Pflanzen oder Steine, unter denen sie sich verstecken können. Sie finden sich auch in kleinen Gärten ein, wenn Sie ihnen mit einem halbierten, mit Wasser und Wasserpflanzen gefüllten Fass einen Lebensraum gestalten. Sorgen Sie auch dafür, dass sie leicht hinein und hinaus gelangen.

Die Larven von Schwebfliegen, Florfliegen und Marienkäfern ernähren sich von Blattläusen. Wie adulte Marienkäfer vertilgen sie Läuse in großen Mengen. Sobald Blattläuse vorhanden sind, ziehen sie in den Garten ein. Schwebfliegen und Florfliegen sind Bestäuber. Mit einer pollenreichen Bepflanzung laden Sie sie in Ihren Garten ein.

Marienkäferlarven jagen Blattläuse. Sie fressen etwa 100 täglich.

Erwachsene Marienkäfer ernähren sich von Blattläusen und anderen Insekten.

GEFÄHRDETE PFLANZEN SCHÜTZEN

Sämlinge und Jungpflanzen werden durch Schnecken besonders oft geschädigt, auch wenn sich der Schaden später oft verwächst. Um Jungpflanzen zu schützen, ziehen Sie sie im Haus oder schützen Sie sie auf andere Weise, bis sie kräftiger geworden sind. Empfindliche Pflanzen wie Cosmea sollten bis kurz vor der Blüte in Töpfen bleiben. Stellen Sie sie mehrere Wochen vor dem Auspflanzen tagsüber nach draußen. Nach den letzten Frösten können sie ins Freie. Pflanzen Sie außerdem eine bunte Mischung verschiedener Arten und Sorten. Viele Schädlinge ernähren sich von bestimmten Pflanzen besonders gern. Können Sie nicht so leicht von Lieblingspflanze zu Lieblingspflanze kommen, hält sich der Schaden in Grenzen.

Schützen Sie Jungpflanzen, bis ihre Triebe widerstandsfähiger sind.

Die roten Lilienhähnchen sind leicht zu entdecken und schnell eingesammelt.

DIE AUGEN OFFEN HALTEN

Sie bekommen schnell einen Blick dafür, welche Schädlinge Ihre Gartenpflanzen befallen. Kontrollieren Sie empfindliche Pflanzen alle ein bis zwei Tage und sammeln Sie Schädlinge wie Lilienhähnchen ab, denn sie haben nur wenige Gegenspieler. Halten Sie auch Ausschau nach Dickmaulrüsslern. Diese Käfer sind langsam und lassen sich leicht einsammeln. Sie fressen halbrunde Löcher in Blätter und schädigen die Pflanzen kaum. Ihre Larven fressen aber an den Wurzeln, oft mit fatalen Folgen. Schnecken treten oft zu zahlreich auf, um sich vollständig vor ihnen schützen zu können. Sammeln Sie sie ab und verfüttern Sie sie an Amphibien und Vögel.

SCHÄDLINGE IM TEICH

In Teichen, in denen Frösche, Kröten und Molche leben, nehmen Schädlinge nicht überhand, denn die räuberischen Amphibien jagen sie. Seerosenblattkäfer und die Larven des Wasserlinsenzünslers fressen am Laub von Wasserpflanzen, schädigen die Blüten aber nur selten und können toleriert werden. Die meisten Wasserschnecken halten das Wasser sauber, nur die Spitzschlammschnecke, zu erkennen an dem langen, spitzen Häuschen, frisst Teichpflanzen. Wenn Sie sie im Teich entdecken, locken Sie sie mit Salatblättern an und fangen sie mit einem Kescher.

Die Spitzschlammschnecke kann über Eier auf Wasserpflanzen in den Teich gelangen.

PFLANZEN SCHÜTZEN

Wenn Sie es weder mit Räubern noch durch regelmäßige Kontrollen schaffen, Schädlinge fernzuhalten, schützen Sie Ihre Pflanzen mit biologischen Mitteln oder anderen umweltfreundlichen Methoden. Nutzpflanzen wie Kohl, Möhren und Obst werden besonders häufig von Insekten und Vögeln geschädigt und brauchen eine spezielle Behandlung. Seien Sie nachsichtig, wenn Vögel die Früchte fressen, vor allem wenn genug für alle da ist. Sind die Himbeeren jedoch geplündert, bevor sie richtig reifen konnten, kann das durchaus frustrierend sein.

Schnecken können Pflanzen in kurzer Zeit ernsthaft schädigen.

NÜTZLINGE EINSETZEN

Als Nützlinge bezeichnet man winzige Gegenspieler von Schädlingen. Man kann sie kaufen und auf empfindlichen Pflanzen ausbringen. Sie stören das ökologische Gleichgewicht nicht und sind für den biologischen Anbau geeignet. Die bekanntesten sind Nematoden, mikroskopisch kleine Tiere, die sich von einer Vielzahl an Schädlingen ernähren, sowie Schlupfwespen, die Blattläuse fressen. Beide schaden anderen Tieren im Garten nicht. Achten Sie darauf, dass Sie die passende Art für Ihren Schädling kaufen. Manche Nematodenarten sind auf Schnecken oder Dickmaulrüssler spezialisiert. Außerdem gibt es Mischungen, die Fruchtfliegen, Möhrenfliege, Zwiebelfliege, Stachelbeerblattwespen und Apfelwickler bekämpfen. Lagern Sie die Nützlinge bis zur Ausbringung im Kühlschrank und lesen Sie die Anwendungshinweise sorgfältig. Nützlinge in den Garten zu setzen, ist von Frühjahr bis Herbst am wirksamsten. Manchmal muss man sie in einer Anbausaison mehrmals ausbringen. Das kann ins Geld gehen.

Nützlinge zur Bekämpfung der Zwiebelfliege gelangen mit dem Gießwasser auf gefährdete Pflanzen.

Kapuzinerkresse zwischen Dicken Bohnen hält Blattläuse fern.

OPFER- UND LOCKPFLANZEN

Werden Nutzpflanzen von bestimmten Schädlingen befallen, können Sie andere Arten als Köder in die Nähe pflanzen. Das funktioniert gut mit Kapuzinerkresse (*Tropaeolum majus*) zwischen Dicken Bohnen. Die Blattläuse befallen dann eher die Kapuzinerkresseblüten als die Bohnen. Andere Pflanzen ziehen Räuber an, die sich von Schädlingen ernähren. Die Ringelblume (*Calendula*) ist sowohl Opfer- als auch Lockpflanze. Sie lockt Blattläuse zu ihren Blüten und zieht Schwebfliegen und Florfliegen an, die sich von den Läusen ernähren. Weitere Lockpflanzen, die Nützlinge anziehen, sind Studentenblume (*Tagetes*), Minze (*Mentha*) und Sonnenblume (*Helianthus annuus*), aber auch blühende Nutzpflanzen wie Sellerie, Dill und Pastinake. Ob Pflanzen wie Minze und Salbei Schädlinge mit ihren Düften verwirren, ist nicht wirklich erwiesen, aber manche Gärtner sind davon überzeugt, dass dieser Schutzmechnismus funktioniert.

BARRIEREN BAUEN

Viele Schädlingen können mit einfachen Barrieren davon abgehalten werden, Nutzpflanzen zu schädigen. Ein Käfig oder Netz für Obstgehölze lohnt sich, wenn Sie (Beeren-)Obst anbauen möchten. Kaufen Sie aber nur Netze, die als vogelsicher gekennzeichnet sind. Die sehr feinen Gemüsenetze verhindern, dass die Möhrenfliege ihre Eier im Boden ablegt und dass Kohlgewächse vom Kohlweißling geschädigt werden.

Wurzelfliegenarten wie die Kleine Kohlfliege halten Sie mit sogenannten Kohlkragen fern. Sie können sie selbst fabrizieren: Schneiden Sie dazu aus Pappe oder alter Folie Kreise mit 10–15 cm Durchmesser aus. Schneiden Sie die Kreise an einer Stelle bis zur Mitte ein, um sie eng um die Haupttriebe der Kohlpflanzen zu legen. So verhindern Sie, dass die Fliege ihre Eier in der Nähe der Pflanzen ablegt. Mit Schafwolle lassen sich Schnecken von Jungpflanzen ferngehalten. Auch Kies oder Kaffeesatz sind einen Versuch wert, denn Schnecken mögen die Struktur dieser Materialien nicht und kriechen deshalb nicht darüber hinweg. Solche Barrieren halten allerdings meist nicht sehr lange. Und es gibt auch Schnecken, die sie ignorieren.

Ein mit einem Netz bespannter Käfig schützt Obstgehölze vor Vögeln.

FALLEN STELLEN

Bierfallen sind eine traditionelle und günstige Methode, den Garten vor Schnecken zu schützen. Versenken Sie ein Marmeladenglas oder ein ähnliches Gefäß bis zur Oberkante im Boden und füllen Sie Bier hinein. Die Schnecken werden angezogen und ertrinken, wenn sie hineinfallen. Stecken Sie außerdem mit Stroh gefüllte Blumentöpfe umgekehrt auf senkrecht stehene Stöcke, um Ohrkneifer von Dahlien fernzuhalten.

Bierfallen sind schnell gemacht, indem man ein Gefäß im Boden versenkt.

GUT ZU WISSEN

- Mit biologischen Spritzmitteln, die natürliche Stoffe wie Pyrethrum (ein Produkt aus Chrysanthemen und *Tanacetum coccineum*) als Öl oder Lauge enthalten, können Sie schädliche Insekten wie Blattläuse und Blasenfüße bekämpfen.
- Biologische Spritzmittel schädigen viele Organismen, auch Nützlinge wie Schwebfliegen und Marienkäferlarven. Gehen Sie verantwortungvoll damit um!

WAS TUN BEI KRANKHEITEN?

Pflanzen unter idealen Bedingungen zu halten, ist einer der besten Wege, Krankheiten zu vermeiden. Vorbeugend können Sie den Boden feinkrümelig und fruchtbar halten und Stressfaktoren wie Trockenheit oder Nährstoffmangel vermeiden. Auch die Wahl resistenter Arten und Sorten sowie eine vielfältige Bepflanzung trägt dazu bei, dass Krankheiten sich nicht schnell ausbreiten können. Treten Probleme auf, bestimmen Sie, um welche Krankheit es sich handelt, und werden Sie aktiv. Greifen Sie aber nie zu chemischen Mitteln, die Fauna, Flora und die Umwelt schädigen.

KRANKHEITEN VERMEIDEN

Viele Krankheiten werden durch Schädlinge wie Blattläuse und andere saugende Insekten übertragen. Bekämpfen Sie diese also (S. 66–69). Manche Unkräuter dienen Krankheiten als Wirte. Greiskraut zum Beispiel ist ein Wirt für Rostpilze, die Zier- und Nutzpflanzen befallen können. Halten Sie Ihre Gartenwerkzeuge sauber und reinigen Sie Klingen mit Wasser und Seife. So werden die meisten Krankheitserreger abgetötet. Auch der Fruchtwechsel (S. 56–57) hilft, die Ausbreitung von Krankheiten wie Kraut- und Braunfäule oder Zwiebelrost zu verringern.

Greiskraut überträgt Rostpilze. Jäten Sie es, um die Verbreitung einzudämmen.

Magnesiummangel verursacht gelbe Verfärbungen zwischen den Blattadern.

KRANKHEIT ODER MANGEL?

Pflanzen, die schlecht aussehen, leiden oft unter einem Mangel, nicht an einer Krankheit. Dann lässt sich leicht Abhilfe schaffen. Welke Pflanzen benötigen zum Beispiel einfach nur genügend Wasser. Pflanzen mit für sie untypischen, roten oder gelben Blättern brauchen Dünger. Beheben Sie zunächst die Mängel, bevor Sie Krankheiten in Betracht ziehen.

HÄUFIGE KRANKHEITEN

Schaffen Wasser und Dünger keine Abhilfe, überprüfen Sie die Pflanzen auf Krankheiten und handeln Sie schnell. Folgende Krankheiten treten an vielen Pflanzenarten auf:

FALSCHER MEHLTAU *Schadbild*: Blätter auf der Oberseite verfärbt, auf der Unterseite weiße, graue oder violette Pilzrasen. *Abhilfe*: Befallene Teile entfernen. Sporen breiten sich bei Nässe und hoher Luftfeuchtigkeit aus. Morgens gießen, dann können die Blätter tagsüber abtrocknen. Nicht auf die Blätter gießen. Für gute Belüftung sorgen.

GRAUSCHIMMEL *Schadbild*: Die Pilzkrankheit *(Botrytis cinerea)* bildet graubraune Pilzrasen auf verrottenden Trieben, Blüten und Früchten. Knospen und Blüten verkümmern und sterben ab. *Abhilfe*: Hohe Luftfeuchtigkeit durch gute Belüftung und Wasserablauf reduzieren. Abgestorbene Pflanzenteile nicht auf dem Boden liegen lassen.

HALLIMASCH *Schadbild*: Die Krankheit führt zum Absterben von Stauden- und Gehölzwurzeln. Weißes Myzel mit Pilzgeruch erscheint im unteren Bereich der Pflanzen unter der Rinde, manchmal sind gelbbraune Hüte zu sehen *Abhilfe*: Kann nicht bekämpft, nur eingedämmt werden. Setzen Sie dafür eine Teichfolie 45 cm tief in den Boden, sodass 2,5 cm herausschauen. So lässt sich die Ausbreitung des netzartigen, unterirdischen Pilzgeflechts (Rhizomorphen) verhindern.

KRAUT- UND BRAUNFÄULE *Schadbild*: Weißer Pilzrasen auf der Unterseite der Blätter von Tomaten- und Kartoffelpflanzen. Sie welken und werden braun. Braune Flecken auf Tomaten. Kartoffelknollen werden unter der Schale rotbraun und neigen zum Faulen. *Abhilfe*: Befallene Pflanzenteile nicht kompostieren, sondern im Hausmüll entsorgen oder verbrennen. Fruchtwechsel anwenden und resistente Sorten wählen.

ECHTER MEHLTAU *Schadbild*: Weißer Pilzrasen auf Blättern, Blüten und Früchten führt zu schlechtem Wachstum. *Abhilfe*: Befallene Pflanzenteile entfernen. Die Pflanzen weiter auseinander setzen und so für Luftbewegung sorgen. Den Boden mulchen, sodass Wasser nicht so schnell verdunstet. Gleichzeitig auf gute Drainage achten, damit keine anderen Pilzkrankheiten auftreten.

ROSTPILZE *Schadbild*: Je nach Art braune, gelbe, schwarze oder weiße Beläge auf den Oberseiten der unteren Blätter. Starker Befall schwächt manche Pflanzen, bei anderen schädigt er Früchte und Blüten kaum und braucht nicht bekämpft zu werden. *Abhilfe*: Befallene Pflanzenteile entfernen, aber nur so viel, dass die Pflanze nicht geschwächt wird. Abgestorbenes oder krankes Pflanzenmaterial im Herbst vom Boden sammeln und nicht kompostieren.

VIREN *Schadbild*: Hellgrüne oder gelbe Flecken, Streifen oder Mosaikmuster auf den Blättern. Blüten sind kleiner als gewöhnlich und können weiße Streifen haben. Früchte können verfärbt und gestreift sein. *Abhilfe*: Befallene Pflanzenteile entfernen und vernichten. Nicht kompostieren, da sich die Pflanzenviren dann ausbreiten. Unkraut entfernen und Blattläuse und andere Schädlinge bekämpfen, die die Viren übertragen. Hände nach dem Umgang mit den Pflanzen waschen.

Grauschimmel tritt an allen Pflanzenteilen auf. Oft stirbt die ganze Pflanze ab.

Kraut- und Braunfäule befällt Blätter, Früchte und Knollen.

Echter Mehltau ist an dem weißen Belag auf den Pflanzen gut zu erkennen.

WIDERSTANDS-FÄHIGE PFLANZEN

Egal ob Sie Gartenanfänger sind oder mehr Farbe in die Beete bringen möchten: Probieren Sie einige der folgenden Pflanzen aus, die kaum von Schädlingen und Krankheiten befallen werden und daher keine besondere Aufmerksamkeit benötigen. Die meisten hier vorgestellten Arten gedeihen an vielen Standorten. Sie bilden schöne Blüten und attraktives Laub und sind für eine Vielzahl an Tieren nützlich.

ZIERLAUCH 'PURPLE SENSATION'

ALLIUM HOLLANDICUM 'PURPLE SENSATION'

HÖHE UND BREITE 90 x 20 cm
BODEN durchlässig
WINTERHÄRTE winterhart
STANDORT ☼ ◐

Im Vollfrühling bildet dieser Zierlauch hohe Stiele mit Kugeln aus kleinen, violetten Blüten. Die Blätter erscheinen zuerst, ziehen aber ein, sobald die Blüten sich öffnen. Pflanzen Sie zwischen kleine Sträucher und Stauden, die das absterbende Laub verbergen. Bestäuber lieben die Blüten. Zierlauch ist daher ein Muss für Naturgärten, passt aber auch in formale Gestaltungen. Pflanzen Sie im Herbst Gruppen aus fünf oder mehr Exemplaren.

Die Blütenkugeln dieser Zierlauchart ziehen Bienen und andere Bestäuber an.

HERBST-ANEMONE *ANEMONE HUPEHENSIS*

HÖHE UND BREITE 90 x 60 cm
BODEN durchlässig/feucht, aber durchlässig
WINTERHÄRTE winterhart
STANDORT ☼ ◐

Die Herbst-Anemone ist leicht zu ziehen. Sie bildet gelappte, mittelgrüne Blätter und von Hochsommer bis Frühherbst eine Vielzahl an Blüten auf hohen, stabilen Stielen. Die Art hat blassrosa Blüten, aber es gibt violette, weiße und pinke Sorten, die jedoch nicht so wüchsig sind. Herbst-Anemonen wachsen horstig. Überschüssige Pflanzen können leicht ausgegraben werden. Verwenden Sie Herbst-Anemonen, um eine Vielzahl an Bestäubern in Naturgärten oder locker gestaltete Beete zu locken.

'Hadspen Abundance' ist eine Sorte, bei der die pinken Blüten dicht an dicht sitzen.

LÖWENMÄULCHEN *ANTIRRHINUM MAJUS*

HÖHE UND BREITE 90 x 40 cm
BODEN durchlässig
WINTERHÄRTE winterhart bis to -5° C
STANDORT ☼

Zur Auswahl stehen Hunderte von Sorten, es sollte also für jeden etwas dabei sein. Die ungewöhnlich geformten Blüten, die sich wie ein Löwenmaul öffnen, wenn man sie zusammendrückt, gibt es in Weiß und Gelb bis zu Pink und Rot. Löwenmäulchen ziehen Bestäuber an und bilden den ganzen Sommer über neue Blüten, wenn man welke Blütenstände zurückschneidet. Ziehen Sie sie im Frühjahr in Töpfen vor und pflanzen Sie nach den letzten Fröst an einen sonnigen bis halbschattigen Ort.

Die farbenfrohen Blüten erscheinen von Sommer bis Herbst an aufrechten Stielen.

SOMMERASTER *ASTER × FRIKARTII*

HÖHE UND BREITE 70 x 40 cm
BODEN durchlässig
WINTERHÄRTE winterhart
STANDORT ☼ ◑

Diese pflegeleichte Staude hat schmales, grünes Laub. Von Hochsommer bis Vollherbst sitzen lavendelblaue Blüten an den hohen Stielen. Sie enthalten viel Pollen und Nektar und sind damit eine gute Nahrungsquelle für Bienen und andere Bestäuber. Die bekannte Sorte 'Mönch' ist krankheitsresistent und blüht sehr lange. Um eine gute Wirkung zu erzielen setzen Sie drei oder mehr in Gruppen. Knicken die Stiele ab, stützen Sie sie ab dem Neuaustrieb im Frühjahr mit Bambusstangen.

'Mönch' hat eine besonders lange Blütezeit und eignet sich gut für Naturgärten.

PURPUR-BERGENIE *BERGENIA PURPURASCENS*

HÖHE UND BREITE 40 x 40 cm
BODEN feucht, aber durchlässig
WINTERHÄRTE winterhart
STANDORT ☼ ◑

Ihre großen glänzenden Blätter bieten Insekten und Kleintieren im Winter Unterschlupf. Das Laub ist dann dunkelrot gefärbt. Es bildet den Hintergrund, vor dem die Blüten auf dicken Stielen im Frühjahr gut zur Geltung kommen. Die Blüten ziehen Bestäuber an. Bergenien sind pflegeleicht wenn sie in normalem Boden stehen und ein paar Stunden Sonne pro Tag bekommen. Setzen Sie sie in Gruppen am Rand einer Baumkrone oder als vorderen Rand eines Beets. Das Laub ist ganzjährig attraktiv.

Das hübsche Laub dieser Sorte bildet einen feinen Hintergrund für die pinken Blüten.

RINGELBLUME *CALENDULA OFFICINALIS*

HÖHE UND BREITE 30 x 20 cm
BODEN durchlässig
WINTERHÄRTE winterhart bis -15° C
STANDORT ☼ ◑

Ihre sonnengelben bis orangen Blüten erheben sich über schmalem, mittelgrünem Laub. Sie verschönern jeden Pflanzkübel und jedes Beet und ziehen bestäubende Insekten an. Sorten wie 'Snow Princess' oder 'Lemon Twist' bezaubern mit feineren, pastellfarbenen Blüten. Säen Sie Ringelblumen im Frühjahr direkt in Beete oder Töpfe. Bringen Sie sie sehr zahlreich am vorderen Rand von Beeten des Kräutergartens aus oder stellen sie dort Töpfe auf, denn die Blüten sind essbar.

Die fröhlichen Blüten von Ringelblumen verschönern jedes Beet und jeden Kübel.

GLOCKENBLUME *CAMPANULA POSCHARSKYANA*

HÖHE UND BREITE 15 x 45 cm
BODEN feucht, aber durchlässig/durchlässig
WINTERHÄRTE winterhart bis -15° C
STANDORT ☼ ◑

Die Hängepolster-Glockenblume bildet Teppiche kleiner, herzförmiger Blätter und von Sommer bis Herbst kleine blaue Blütensternchen. Mit ihrem kriechenden Wuchs können Glockenblumen schwächere Pflanzen überwuchern. Pflanzen Sie sie dort, wo sie sich ausbreiten können. Die Lieblingspflanze von Bienen und anderen Bestäubern wächst in Pflasterfugen, über Mauern, in großen Steingärten oder unter Bäumen. Entfernen Sie überschüssige Triebe im Frühjahr.

Die Sternchenblüten der Glockenblume sind für viele Wochen ein Farbklecks im Beet.

BERG-FLOCKENBLUME *CENTAUREA MONTANA*

HÖHE UND BREITE 45 x 45 cm
BODEN durchlässig/feucht, aber durchlässig
WINTERHÄRTE winterhart
STANDORT ☼ ◑

Diese Staude überlebt auch unter widrigsten Bedingungen. Sie hat dichtes, silber-grünes Laub und ab Vollfrühling bis Hochsommer blaue Blüten mit violetter Mitte. Die weiße Sorte 'Alba' ist weniger wüchsig als die Art. Diese Flockenblume passt gut in Naturgärten oder naturnahe Bepflanzungen, deren Blüten Bienen und andere bestäubende Insekten anlocken. Die Staude wird schnell breiter. Lassen Sie ihr genügend Platz und entfernen Sie unerwünschte Sämlinge im Frühjahr.

Die Flockenblume hat über einen langen Zeitraum schön gefärbte Blüten.

BERG-WALDREBE *CLEMATIS MONTANA*

HÖHE UND BREITE Bis 6 x 5 m
BODEN durchlässig
WINTERHÄRTE winterhart
STANDORT ☼ ◑

Im Frühling sind die windenden Triebe dieser wüchsigen Kletterpflanze mit mittelgrünem Laub und dicken Knospen überzogen, die sich zu weißen, vierblättrigen Blüten öffnen. Auch Sorten in Pink sind erhältlich. Die Waldrebe sieht wunderschön aus, wenn man sie in Obstbäume wachsen lässt. Ihre pollenreichen Blüten erscheinen, sobald die Obstblüten welken. Sie kann auch an waagerechten Drähten an Zäunen oder Wänden gezogen werden und muss außer nach der Blüte nicht geschnitten werden.

Dichte Blütenwolken über gelapptem Laub zieren die Berg-Waldrebe.

WURMFARN *DRYOPTERIS FILIX-MAS*

HÖHE UND BREITE 90 x 90 cm
BODEN feucht, aber durchlässig/feucht
WINTERHÄRTE winterhart
STANDORT ◑ ●

Die meisten Farne benötigen feuchte Böden, aber der Wurmfarn fühlt sich auf trockeneren Standorten wohl und eignet sich damit zur Unterpflanzung von Bäumen. Im Frühjahr entrollen sich die Wedel aus feinen, mittelgrünen Blättern. Manchmal überwintern sie oder werden braun, wenn es kühler wird, aber im Frühjahr sollten sie entfernt werden, damit neues Laub wachsen kann. Pflanzen Sie Wurmfarn in Gruppen oder mit Frühblühern, die blühen, bevor die Farnwedel sich entrollen.

Das fein geteilte Laub des Wurmfarms bietet Vögeln und Kleintieren einen dichten Schutz.

FREILAND-FUCHSIE *FUCHSIA MAGELLANICA*

HÖHE UND BREITE 1,5 x 1 m
BODEN durchlässig
WINTERHÄRTE winterhart bis -10° C
STANDORT ☼ ◑

Dieser laubabwerfende Strauch kann in sehr milden Regionen und in Stadtgärten immergrün sein. Die verholzenden Stiele tragen kleine, grüne Blätter und von Sommer bis in den Herbst zierliche, rot-violette, hängende Blüten. Die nektarreichen Blüten sind bei Bienen, Schmetterlingen und Nachtfaltern beliebt. Die Sorten dieser Fuchsienart blühen in vielen Farben, von weiß über zartrosa bis zu dunkelrot. Pflanzen Sie die Fuchsie an einen geschützten Standort in einer Mischrabatte.

Die schönen rot- und violett-farbenen Blüten der Fuchsie hängen an den Zweigen.

WALDMEISTER *GALIUM ODORATUM*

HÖHE UND BREITE 20 x 35 cm
BODEN durchlässig/feucht, aber durchlässig
WINTERHÄRTE winterhart
STANDORT ◑

Das feine Laub und die zierlichen Blüten täuschen über die Robustheit dieser Waldpflanze hinweg. Sie bildet durch Rhizome (Wurzeltriebe) schnell dichte Horste und einen Teppich aus hellgrünem Laub. Ab Vollfrühling bis zum Sommer erscheinen weiße Blüten, die Bienen und andere Bestäuber anziehen. Waldmeister eignet sich als Bodendecker unter Bäumen und kann mit Frühblühern wie Narzissen und Blaustern kombiniert werden. Halten Sie ihn im Zaum, sonst überwuchert er seine Nachbarn.

Die kleinen weißen Blütensternchen über dem Laub ziehen Bestäuber an.

BLUT-STORCHSCHNABEL *GERANIUM SANGUINEUM*

HÖHE UND BREITE 30 x 40 cm
BODEN durchlässig/feucht, aber durchlässig
WINTERHÄRTE winterhart
STANDORT ☼ ◑

Er bildet kleine Büsche gelappter Blätter und ist von Vollfrühling bis Hochsommer von magentafarbenen flachen Blüten übersät. Das Laub ist dann kaum noch zu sehen. Setzen Sie ihn als Randbepflanzung in ein Beet, wo er Unkraut unterdrückt, oder in Hochbeete, wo er über den Rand hängt. Schneiden Sie die verblühten Blüten und das Laub im Sommer zurück, damit sich neue Blätter bilden. Große Pflanzen werden im Frühjahr geteilt. Im Laub finden Insekten und Kleintiere Unterschlupf.

Der Blut-Storchschnabel blüht mehrere Wochen lang in intensivem Magenta.

CHRIST- UND SCHNEEROSEN *HELLEBORUS*

HÖHE UND BREITE Bis 60 x 60 cm
BODEN durchlässig/feucht, aber durchlässig
WINTERHÄRTE winterhart
STANDORT ◑

Die Gattung Helleborus ist aus winterlichen Gärten nicht wegzudenken, während andere Pflanzen sich noch nicht blicken lassen. Im Winter blüht weiß *H. niger*, die Christrose, im Vorfrühling gefolgt von Schneerosen, *H. x hybridus*, *H. x ericsmithii*, deren Sorten dunkelviolett über pink und cremefarben bis zu weiß blühen. Sie ernähren Bestäuber nach der Winterruhe. Schneiden Sie altes Laub ab, wenn die Blüten erscheinen. Die Pflanzen sehen schöner aus und neues Laub wächst besser nach.

Pink tönt die großen, weißen Blüten der Art *H. x ericsmithii* und ihre Stiele.

HOHE FETTHENNE *HYLOTELEPHIUM SPECTABILE*

HÖHE UND BREITE 45 x 45 cm
BODEN durchlässig
WINTERHÄRTE winterhart
STANDORT ☼

Das dicke, grüngraue Laub dieser Staude erscheint im Frühjahr, gefolgt von altrosa Blütenständen von Spätsommer bis Herbst. Diese bieten spät im Jahr Nektar für Bienen und Schmetterlinge, der sie während der Winterruhe versorgt. Die bronzefarbenen Samenstände setzen im Winter Akzente. Die Fetthenne passt gut in sonnige Mischrabatten, in Präriepflanzungen und in Naturgärten. Damit die Stiele der Fetthenne nicht abknicken, schneiden Sie im Frühsommer einen von dreien heraus.

Die Blütenstände der Fetthenne bieten Bestäubern noch spät im Gartenjahr Nahrung.

MAHONIE 'CHARITY' *MAHONIA × MEDIA*

HÖHE UND BREITE 3 x 3 m
BODEN durchlässig/feucht, aber durchlässig
WINTERHÄRTE winterhart bis -15° C
STANDORT ◐ ●

Die Mahonie ist ein skulptural wirkender Strauch mit langen Ästen und stacheligem, immergrünen Laub. Sie bildet ab dem Vorfrühling Blütenkerzen mit gelben, süß duftenden Blüten, die bei bestäubenden Insekten beliebt sind. Daraus reifen blaue Früchte. Sie passt gut in schattige Beete und unter Bäume und kann als strukturgebender Hintergrund für Frühblüher, Farne und kleinere Sträucher wie Seidelbast dienen. Halten Sie sie durch den Rückschnitt langer Triebe nach der Blüte in Form.

Das dicke auffällige Laub der Mahonie ist das ganze Jahr über bemerkenswert.

TRAUBEN-KATZENMINZE *NEPETA RACEMOSA*

HÖHE UND BREITE 60 x 60 cm
BODEN feucht, aber durchlässig
WINTERHÄRTE winterhart
STANDORT ☼ ◐

Diese üppig blühende Staude bildet dichte Büsche schlanker Stiele mit duftendem Laub, auf denen im Frühsommer violettblaue Blüten sitzen. Katzen lieben das Laub, Bestäuber wie Bienen und Schmetterlinge werden von den Blüten angezogen. 'Walker's Low' ist eine beliebte Sorte, die kompakt wächst und üppig blüht. Katzenminze ist eine wunderbare Pflanze für den Beetrand in naturnahen Pflanzungen und Naturgärten. Schneiden Sie die Blütenstiele nach der Blüte zurück, dann blüht die Katzenminze im Herbst noch einmal.

Die violettblauen Blüten werden im Sommer von zahlreichen Bienen besucht.

JUNGFER IM GRÜNEN *NIGELLA DAMASCENA*

HÖHE UND BREITE 45 x 40 cm
BODEN durchlässig
WINTERHÄRTE winterhart
STANDORT ☼

Das feingliedrige Laub und die blauen, in filigranen Hüllblättern sitzenden Blüten machen diese Sommerblume zu einem »Must-have« für Naturgärten. Die Blüten öffnen sich im Sommer und ziehen Bienen und andere Bestäuber an. Auch die Samenstände sind attraktiv und halten oft bis in den Herbst hinein. Säen Sie Jungfer im Grünen im Frühjahr direkt ins Beet. An einem durchlässigen und sonnigen Platz sät sie sich in den Folgejahren dann von selbst aus. Als Schnittblume geeignet.

Aus den hübschen, blauen und weißen Blüten reifen attraktive Samenstände.

LUNGENKRAUT *PULMONARIA OFFICINALIS*

HÖHE UND BREITE 30 x 30 cm
BODEN durchlässig
WINTERHÄRTE winterhart
STANDORT ◐ ●

Die krautig wachsende Staude hat weiß-geflecktes, haariges Laub, das auf geschützten Flächen fast das ganze Jahr einen dichten Teppich bildet. Im Frühjahr erscheinen pinke Röhrenblüten, die später blau werden. Sie sind bei Hummeln und anderen Bestäubern beliebt. Lungenkraut ist pflegeleicht. Es passt gut in Waldecken oder als Randpflanze in Schattenbeete. Entfernen Sie im Frühjahr das alte Laub, dann kann das neue besser wachsen. Schneiden Sie die Blütenstiele zurück wenn sie welk werden.

Lungenkraut blüht gleichzeitig pink und blau und bringt Farbe in schattige Ecken.

RAMBLER-ROSE 'SEAGULL' *ROSA 'SEAGULL'*

HÖHE UND BREITE bis 6 x 5 m
BODEN durchlässig/feucht, aber durchlässig
WINTERHÄRTE winterhart
STANDORT ☼

'Seagull' ist wie viele Rambler wüchsig und nicht anfällig für Schädlinge und Krankheiten. Ihre langen Triebe verhaken sich an Stützen, um dem Licht näher zu kommen. Im Frühjahr erscheint das mittelgrüne, glänzende Laub. Im Sommer folgen dicke Büschel kleiner, weißer, ungefüllter und halbgefüllter, duftender Blüten mit gelben Staubgefäßen. Daraus reifen kleine Hagebutten. 'Seagull' eignet sich zum Verschönern alter Bäume oder einer Pergola. Sie können sie auch an waagerechten Drähten ziehen.

Die weißen Blüten mit gelben Staubgefäßen kommen in alten Bäumen gut zur Geltung.

ROSMARIN *SALVIA ROSMARINUS* (SYN. *ROSMARINUS OFFICINALIS*)

HÖHE UND BREITE 1 x 1 m
BODEN durchlässig
WINTERHÄRTE winterhart bis -10° C
STANDORT ☼

Rosmarin ist ein verholzender, immergrüner Strauch, der wegen seines aromatischen, nadelförmigen Laubs und der kleinen, pollenreichen Blüten im Frühjahr beliebt ist. Pflanzen Sie ihn in den Kräutergarten, in ein sonniges Beet oder in große Kübel. Der kriechend wachsende *S. officinalis* 'Capri' sieht in Hochbeeten gut aus. Ein Rückschnitt ist nicht notwendig. Wenn man die Triebe abschneidet, um sie zum Kochen zu nutzen, wächst die Pflanze buschiger.

Essbar und aromatisch: Rosmarin ist gut für die Küche und für den Garten.

WITWENBLUME *SCABIOSA CAUCASICA*

HÖHE UND BREITE 60 x 40 cm
BODEN durchlässig
WINTERHÄRTE winterhart bis -10° C
STANDORT ☼

Die elegante Witwenblume ist die perfekte Pflanze für Cottage- oder Naturgärten. Sie hat schlanke, grüngraue Stiele und lavendelblaue Blüten und blüht im Sommer über mehrere Wochen. Sie ist pollenreich und zieht verschiedene Schmetterlinge, Bienen und andere Bestäuber an. Auch als Schnittblume ist sie gut geeignet. Setzen Sie mehrere in Gruppen an den Rand einer Mischrabatte oder mischen Sie sie mit Gräsern. Entfernen Sie welke Blüten, um die Blütezeit zu verlängern.

Die lavendelblauen Blüten der Witwenblume sind bei vielen Bestäubern beliebt.

ZINNIE *ZINNIA ELEGANS*

HÖHE UND BREITE 90 x 30cm (36 x 12in)
BODEN durchlässig
WINTERHÄRTE nicht winterhart
STANDORT ☼

Zinnien mit ihren leuchtend bunten Blüten sind bei Floristen beliebt und ein schöner Hingucker im Garten. Die einjährige Pflanze hat mittelgrünes Laub und Blüten in den verschiedenen Farbtönen, wie Pink, Weiß, Orange und Gelb. Um Bestäuber anzulocken, sind ungefüllte Sorten ideal. Sie sind oft kürzer und kompakter und daher gut als Randpflanzen für Beete geeignet. Ziehen Sie Zinnien im Frühjahr im Haus vor und pflanzen Sie sie nach den letzten Frösten in große Töpfe oder sonnige Beete.

Die orangefarbene *Zinnia marylandica* 'Double Zahara Fire' blüht ab dem Frühsommer.

Biologisch abbaubare Aussaattöpfe aus alten Zeitungen lassen sich leicht selber machen und sind kostenlos. Sie können mit den Sämlingen in den Boden gesetzt werden, wo sie schnell verrotten.

VERRINGERN & WIEDERVERWERTEN

Manchmal ist es notwendig, neue Gartenprodukte oder -möbel zu kaufen. Doch oft erfüllen wiederverwertete oder gerettete Dinge ihren Zweck ebenso gut. Durch das Weiterverwenden oder -verwerten entsteht weniger Müll, der verbrannt oder auf Deponien entsorgt werden muss. Außerdem tragen Sie damit dazu bei, den Plastikmüll zu reduzieren, der unsere Welt zerstört. In diesem Kapitel werden Ideen vorgestellt, wie Sie Haushaltsutensilien im Garten ein neues Leben geben und Terrassen, Einfriedungen und Möbel umweltfreundlich gestalten können.

PLASTIK VERMEIDEN & NEU NUTZEN

Plastik ist im Gartenhandel allgegenwärtig. Es ist nahezu unmöglich, eine Pflanze zu kaufen, ohne einen Kunststofftopf mitzuerwerben. Manche Gärtnereien und Gartencenter haben ein Recyclingsystem, aber meist hat man nach dem Einkauf jede Menge Plastikmüll. Er braucht über 400 Jahre, um sich vollständig zu zersetzen. Bei der Herstellung und der Entsorgung werden außerdem umweltschädliche Chemikalien frei, die in Gewässer und in die Luft gelangen. Hier stellen wir einfache Möglichkeiten vor, im Garten Plastik zu verringern, zu recyceln oder ganz ohne auszukommen.

KUNSTSTOFFARTEN

Viele Kunststoffe, die im Gartenbau verwendet werden, sind nicht gut recycelbar. Die meisten Pflanztöpfe sind aus schwarzem Polypropylen (PP). Es kann nicht wiederverwertet werden, denn die Sensoren in den Entsorgungsanlagen erkennen die schwarzen Pigmente nicht. Inzwischen sind zwar Töpfe in anderen Farben im Handel, aber auch sie haben wegen des Produktionsprozesses einen großen CO_2-Fußabdruck.

Kunststoffe werden mit Zahlen gekennzeichnet. Folgende Logos findet man häufig auf Gartenprodukten.

4 **LOW DENSITY POLYETHYLEN (PE-LD/LDPE)** Wird für Erdsäcke und Gewächshausfolie verwendet und kommerziell nur selten wiederverwertet.

5 **POLYPROPYLEN (PP)** Seile, Netze und steife Blumentöpfe sowie Paletten sind oft aus diesem Material. Ist es nicht schwarz, kann es recycelt werden.

POLYSTYROL (PS) Die Internationale 6 Agentur für Krebsforschung (IARC) hat Polystyrol als wahrscheinlich krebserregend eingestuft. Als Verpackungsmaterial von Pflanzen ist es meist nicht wiedervertwerbar.

Viele Verpackungsmaterialien von Alltagsprodukten lassen sich umfunktionieren und im Biogarten verwenden.

PLASTIK WEITERNUTZEN

Unzählige Plastiktöpfe und andere Dinge, die beim Gärtnern und als Lebensmittelverpackung dienen, liegen mehrere 100 Jahre auf Mülldeponien oder landen in Verbrennungsanlagen, wo sie Luftschadstoffe freisetzen. Viele enden in Flüssen und Meeren. Wir sollten unabhängiger von Kunststoffen werden und Plastik, das schon im Umlauf ist, neu nutzen. Schauen Sie in Ihren Kühlschrank und Ihre Küchenschränke, bevor Sie Anzuchtschalen neu kaufen. Joghurtbecher eignen sich gut als Aussaat- und Pflanztöpfe (S. 83) und können meist mehrfach verwendet werden. Bei den dünnen Plastikanzuchtschalen ist das oft nicht der Fall. Schälchen, in denen Obst und Gemüse verpackt wird, können ebenfalls umgenutzt werden. Kleine Blumentöpfe aus schwarzem Kunststoff bekommen bei der Aussaat oder beim Umtopfen eine neue Verwendung. Nach dem Auswaschen lassen sie sich im nächsten Jahr wiederverwenden.

TÖPFE TAUSCHEN

Suchen Sie Gärtnereien in der Region, die Töpfe mehrfach nutzen. Dort können Sie Pflanzgefäße abgeben, die dann sterilisiert und erneut verwendet werden. Bietet Ihre Gärtnerei oder Ihr Gartencenter vor Ort dies nicht an, schlagen Sie vor, ein solches System einzuführen: Kundenwünsche führen oft dazu, dass sich etwas ändert. Fragen Sie auch, ob Sie Pflanzen in eigenen Töpfen oder Taschen mitnehmen können.

Bringen Sie eigene Töpfe mit, wenn Sie Pflanzen kaufen.

AUF PLASTIK VERZICHTEN

Um kein weiteres Plastik in Ihren Garten zu bringen, kaufen Sie Gehölze wurzelnackt statt in Töpfen oder lassen Sie sich Pflanzen in biologisch abbaubaren Materialien wie Zeitung oder Pappe einpacken.

Sie können auch biologisch abbaubare Töpfe aus Pflanzenfasern kaufen. Manche sind mehrfach verwendbar, andere zersetzen sich, wenn man sie mit den Pflanzen in den Boden setzt. Brechen Sie sie vorher vorsichtig auf, dann können die Wurzeln leichter ins Erdreich wachsen. Oder Sie machen Töpfe aus Altpapier oder anderen Materialien selber (S. 82–83).

Herkömmliche Tontöpfe sind ebenfalls umweltfreundlich. Sie können ein Leben lang halten, wenn man sorgsam damit umgeht. Sie sind aus dem Naturmaterial Ton hergestellt. Kaufen Sie sie bei einem Töpfer vor Ort und sparen Sie so Transportwege und Verpackungsmaterial, haben sie einen kleinen CO_2-Fußabdruck. Vielleicht können Sie sie sogar in Gebrauchtkaufhäusern erstehen oder von Freunden bekommen, die ihre Töpfe nicht nutzen.

Töpfe aus Pflanzenfasern sind besser für den Planeten und dekorativ.

Tontöpfe können mehrfach verwendet werden und ihre CO_2-Bilanz ist klein.

Ein biologisch abbaubarer, plastikfreier Becher aus Pflanzenmaterial.

WAS IST BIOKUNSTSTOFF?

Bei seiner Herstellung aus erneuerbaren Rohstoffen wie Pflanzenfett oder -stärke werden weniger fossile Brennstoffe verbraucht und er verrottet schneller als herkömmliche Kunststoffe. Manche Biokunststoffe sind kompostierbar. Der Handel bietet immer häufiger Töpfe aus Biokunststoff an.

AUSSAATTÖPFE SELBER MACHEN

Eine bessere Möglichkeit, als in selbst gemachten Töpfen und Schalen aus biologisch abbaubaren Materialien auszusäen gibt es kaum. Manche der Töpfe kann man mit den Sämlingen in die Erde setzen, wo sie verrotten und den Boden düngen. Außerdem macht es Spaß, sie mit Kindern zusammen herzustellen. Das dauert nur wenige Minuten – viel kürzer als ein Einkauf im Gartencenter.

Konservendosen mit einen Abzugloch sind umweltfreundliche Aussaattöpfe.

Papprollen von Küchenpapier haben die perfekte Größe für die Aussaat.

AUS TOLLEN ROLLEN

Der wahrscheinliche einfachste Weg, Aussaattöpfe zu machen, sind die Papprröhren in Toilettenpapier- oder Küchenpapierrollen. Sie sind ideal für tiefwurzelnde Pflanzen wie Wicken (*Lathyrus odoratus*) oder Bohnen. Verwenden Sie Toilettenpapierrollen ganz, die von Küchenpapier halbiert. Stellen Sie die Röhren in ein festes Behältnis, denn sie werden durch die Feuchtigkeit weich und etwas instabil. Füllen Sie sie mit Erde und legen Sie die Samen hinein. Die Pappe zersetzt sich. Die Rollen können mit eingepflanzt werden.

AUS DEM EI GEPELLT

Eierpappen sind tolle, sofort verwendbare und biologisch abbaubare Aussaatschalen, aber auch in den Eiern können Sie aussäen. Mögen Sie gekochte Eier zum Frühstück, werfen Sie die Schalen nicht weg. Stechen Sie unten mit einem Spießchen ein Loch hinein, füllen Sie die Schale mit Erde und legen Sie ein bis zwei Samen hinein. Sie können die Pflanzen in der Schale in den Boden setzen. Zerbrechen Sie sie dann vorher vorsichtig, sodass die feinen Wurzeln besser nach draußen können. Zersetzen sich die Schalen, wird Calcium frei, aus dem Pflanzen Zellwände bauen. Außerdem sorgt Calcium für einen ausgeglichenen Nährstoffhaushalt im Boden.

Aussaaten in Eierschalen kommen ohne Plastik aus und düngen die Pflanzen.

AUS JOGHURTBECHERN

Die verschiedensten Kunststoffbehälter können als Aussaatschalen oder -töpfe genutzt werden. Joghurtbecher sind besonders praktisch: Die kleinen eignen sich für einzelne Samen, die größeren zum Pikieren. Reinigen Sie die Becher gründlich mit heißem Wasser und Spülmittel und entfernen Sie alle Essensreste. Erhitzen Sie einen metallenen Schaschlikspieß und stechen Sie damit zwei oder drei Abzugslöcher in den Boden. Füllen Sie die Töpfe dann mit Erde und säen oder pikieren Sie hinein.

Kleine Joghurtbecher sind sehr praktisch für das Aussäen einzelner Samen.

AUS ZEITUNGEN

Diese umweltfreundlichen Töpfe kann man gut mit Kindern zusammen basteln. Verwenden Sie Zeitungen, Comics oder Zeitschriften, die nicht auf Hochglanzpapier gedruckt sind, denn es kann Kunststoffe oder schädliche Chemikalien enthalten. Nutzen Sie die Töpfe für große Samen wie die von Bohnen und Gurken oder für einjährige Blumen wie Cosmea, Zinnie oder Ringelblume. Die Töpfchen sollten nicht länger in Wasser stehen, da sie sich dann sehr schnell zersetzen.

SIE BRAUCHEN Zeitungen, Comics oder Zeitschriften • kleine Getränkedose oder Marmeladenglas • Schere

1 Streichen Sie eine Seite glatt und falten Sie sie quer, sodass sie ein doppellagiges Rechteck erhalten.
2 Legen Sie das Glas oder die Dose auf das Papier und rollen Sie es damit auf.
3 Knicken Sie das Papier an einer Seite über den Boden des Glases oder der Dose. Das bildet den Boden des Topfes. Ziehen Sie den Papiertopf vorsichtig ab und stellen Sie ihn auf den Tisch.
4 Schneiden Sie das Papier in der gewünschten Topfhöhe plus 2 cm Rand ab. Dieser Rand wird nun nach innen gefaltet. Er stabilisiert den Topf. Nun können Sie Anzuchterde einfüllen (S. 51) und die Samen auslegen.

1

2

3

4

TOP TIPP Legen Sie nur ein oder zwei Samen in jeden Papiertopf. Sie müssen die Keimlinge dann vor dem Auspflanzen nicht in größere Töpfe pikieren. Setzen Sie die Pflänzchen später mit dem Papiertopf ins Beet oder in den Pflanzkübel.

ÖKOLOGISCHE BAUMATERIALIEN

Die meisten Gärten brauchen befestigte Flächen, Zäune und Mauern. Beton scheint eine kostengünstige Lösung zu sein, doch seine Herstellung schädigt die Umwelt. Terrassen und Zäune aus Holz sind eine gute Alternative, wenn das Holz aus regionaler und nachhaltiger Forstwirtschaft stammt. Meist ist aber eine Wiederverwertung von Materalien am besten. Dann kann auch Kunststoff eine optimale Lösung sein.

Stufen aus verdichteter Erde, Kies und alten Baumstämmen sehen natürlich aus und passen gut zu Naturgärten.

BELÄGE NEU NUTZEN

Bodenbeläge aus Beton, Ziegeln oder Naturstein werden seit Jahrhunderten zum Gestalten von Wegen, Innenhöfen und Terrassen genutzt. Die Herstellung von Beton setzt allerdings große Mengen CO_2 in die Atmosphäre frei und für das Brennen von Tonziegeln müssen fossile Brennstoffe eingesetzt werden, wobei andere giftige Gase entstehen. Naturstein zu verwenden, liegt auf der Hand. Aber Abbau und Transport gehen oft auf Kosten der Umwelt.

Halten Sie daher nach gebrauchten Produkten Ausschau, statt neue zu kaufen. So verringern Sie die umweltschädigende Wirkung der Materialproduktion. Nutzen Sie Betonplatten, die über lokale Kleinanzeigen oft verschenkt werden. Auch aus zerbrochenen Platten können dekorative Pflasterflächen entstehen. Alte Ziegel und Natursteine kann man bei Abbruchunternehmen bekommen. Sie sind billiger als neue Steine und haben schon eine Patina, sodass sie besser in Naturgärten passen als brandneue Steine.

Alte Materialien sind oft leicht zu bekommen und erwecken den Eindruck eines harmonischen, alteingesessenen Gartens.

Nachhaltig produziertes Holz ist eine umweltfreundlicher Terrassenbelag.

FLÄCHEN GESTALTEN

Holz ist eine umweltfreundliche Möglichkeit, Gartenflächen zu befestigen. Achten Sie aber darauf, dass das Holz nicht aus Regenwäldern oder Wäldern stammt, die nicht nachhaltig bewirtschaftet werden. Wenn es nicht aus der eigenen Region stammt, verursacht der Transport eine schlechte CO_2-Bilanz.

Auch Bodenbeläge aus wiederverwertetem Kunststoff können für Biogärten sinnvoll sein. Über 90 Prozent aller Kunststoffe werden nicht wiederverwertet. Sie landen auf Deponien oder verschmutzen Landschaft, Flüsse und Meere. Holz-Kunststoff-Verbundstoffe sind oft aus Altmaterialien gefertigt. Sie sind haltbarer als Holz und müssen nicht behandelt werden. Kaufen Sie aber nur Produkte, die zu 100 Prozent aus Altmaterialien stammen.

GUT ZU WISSEN

Achten Sie beim Holzkauf auf Gütesiegel, die bestätigen, dass das Holz kontrolliert nachhaltig produziert wurde. Die Logos von Organisationen wie Forest Stewardship Council (FSC) und Programme for the Endorsement of Forest Certification (PEFC) garantieren dem Käufer: Holz und Holzprodukte stammen aus nachhaltigem Anbau.

Sichtschutzelemente oder Wände aus Stammstücken nutzen auch Tieren.

GARTENMATERIALIEN UMFUNKTIONIEREN

Die umweltfreundlichsten Materialien sind meist umsonst und liegen direkt vor der Tür. Baumscheiben können Sie als Trittsteine in Kies- oder Rasenwege legen. Sichtschutzelemente aus Stammstücken bieten gleichzeitig ein Winterquartier für Insekten und andere Kleintiere. Aus Gehölzschnitt können Sie Flechtzäune gestalten oder sie mit Bambusstäben zu Sichtschutzelementen verarbeiten. Schneiden Sie jeweils nur wenige Bambustriebe, damit die Pflanze weiter wachsen kann.

Gebrauchte Gerüstbohlen wurden hier verwendet, um ein Holzdeck und Stufen zu gestalten.

ALTES HOLZ

Ein Großteil des Holzabfalls der Bauindustrie landet auf Deponien, wo er verrottet. Dabei gelangt festgelegter Kohlenstoff als Methan in die Atmosphäre, eines der schädlichsten Treibhausgase. Es gibt jedoch Verwertungsbetriebe, die verschiedene Arten von Altholz für Terrassendielen, Wege, Hochbeete und Sichtschutzelemente anbieten. Durch Ihren Kauf stärken Sie die Nachfrage, was dazu führt, dass in Zukunft noch mehr Altholz wiederverwertet wird.

Achten Sie beim Kauf darauf, dass das Altholz nicht mit Teeröl oder Kupfer-Chrom-Arsenat (CCA) behandelt wurde. Beide Stoffe sind gesundheitsschädlich für Menschen, Tiere und die Umwelt. In den meisten Ländern ist ihre Verwendung inzwischen verboten.

Muscheln aus der Fischindustrie als biologisch abbaubarer Wegbelag.

WEITERE ÖKOLOGISCHE BODENBELÄGE

Lose Materialien, wie Muschelschalen oder Glasscherben, die als Abfallprodukte verschiedener Industriezweige sonst auf Deponien landen würden, können der attraktiven Flächengestaltung dienen. Im Internet finden Sie eine Vielfalt an Produkten, von alten Bildschirmen bis zu Schiefer- oder Terrakottascherben, die als Abfälle bei der Dachziegel- und Porzellanproduktion anfallen.

GARTENMÖBEL AUSSUCHEN UND BAUEN

Neue Gartenmöbel bestehen oft aus verschiedenen Materialien und sind schwer recycelbar. Nachhaltiger ist es, alte Möbel nicht zu entsorgen, sondern ihnen mit einem ökologischen Anstrich oder durch Abschleifen ein neues Leben zu geben. Sie verringern Ihren CO_2-Fußabdruck auch, wenn Sie Möbel aus ökologischen Materialien selbst bauen oder von einem Handwerker im Ort anfertigen lassen.

Mit etwas handwerklichem Geschick und ein paar Werkzeugen können Sie aus altem Holz selbst Tisch und Stühle bauen.

SECONDHANDMÖBEL AUFARBEITEN

Eine gute Strategie, Ihre CO_2-Bilanz zu verbessern, ist das Verwerten gebrauchter Möbel. Suchen Sie in Tauschnetzwerken, Auktions- oder Gebrauchtkaufhäusern nach Holztischen und -stühlen. Sie kosten meist wesentlich weniger als neue. Selbst Kunststoffmöbel sind besser für unseren Planeten, wenn sie erneut genutzt statt entsorgt werden. Vielleicht sind die Bezüge von Stühlen oder Bänken zu erneuern oder Sie beziehen einfach die alten Kissen mit biologischen oder Secondhandstoffen. Selbst Indoormöbel aus massivem Holz überstehen einige Jahre im Freien, sind sie aus Harthölzern, sogar mehr. Um alte Stücke schnell wieder aufzupolieren, streichen Sie sie mit ökologisch unbedenklichen Farben oder behandeln Sie sie mit Wachs.

Möbel aus Gusseisen sind haltbar und umweltfreundlich. Man erhält sie online, bei Versteigerungen und in Antiquitätenläden. Finden Sie keine ganze Sitzgruppe, mischen Sie verschiedene Stile und streichen sie alles in der gleichen Farbe.

Metallene Second-Hand-Möbel aus Auktionshäusern und Antiquitätenläden bringen den Charme alter Zeiten in den Garten.

Indoor-Möbel, die im Haus nicht mehr gebraucht werden, können im Garten Verwendung finden.

MÖBEL SELBST BAUEN

Wenn Sie Gartenmöbel kreativ gestalten möchten, bauen Sie sie aus alten Materialien selbst. Eine der einfachsten Möglichkeiten ist es, Stücke von Baumstämmen als Sitze zu verwenden. Holen Sie sie nicht aus dem Wald, sondern fragen Sie bei Baumpflegern, Grünflächenämtern oder Immobilienverwaltern nach, ob sie Stämme abgeben können. Vielleicht können Sie einen Baumpfleger bitten, Ihnen die Stämme passend zuzusägen. Ein anderes einfaches Projekt ist es, Kabeltrommeln aus Holz mit etwas Farbe in Hocker und Tische umzufunktionieren. Sie bekommen Sie über Tauschnetzwerke oder direkt bei den Herstellern.

Als Bank für einen Naturgarten können Sie mehrere Paletten zusammenschrauben. Diese erhalten Sie in Baumärkten, Gartencentern oder online. Schleifen Sie die Oberfläche mit Sandpapier ab. Legen Sie für das Unterteil die Paletten aufeinander und schrauben Sie sie mit Holzresten zusammen. Befestigen Sie eine Palette als Lehne daran. Streichen Sie alles mit ökologisch unbedenklicher Farbe. Mit Kissen wird die Bank richtig bequem.

Wer etwas Platz und das passende Werkzeug hat, kann auch einen klassischen Holztisch und Stühle relativ schnell selbst bauen. Für die Tischplatte und die Sitzflächen verbinden Sie auf die entsprechenden Längen zugeschnittenes Holz mit Lochplatten oder Holzleisten. Befestigen Sie die Beine mit langen Sechskantschrauben daran.

Sitzauflagen werden oft aus synthetischen Fasern hergestellt und mit PU-Schaum gefüllt, einem aus Erdöl gewonnenen Kunststoffpolymer. Wie neu gekaufte Baumwollauflagen sind sie sehr unökologisch. Verwenden Sie Auflagen aus nachhaltig produziertem Bambus, aus biologisch angebauter oder wiederverwerteter (Baum-)Wolle oder aus recycelten Plastikflaschen. Beziehen Sie alte Auflagen damit oder kaufen Sie Füllungen aus Kapok, Wolle, Buchweizensamen oder Getreidespelzen.

TOP TIPP Viele Sitzauflagen dürfen nicht nass werden. Überlegen Sie, an welchem überdachten Ort Sie sie lagern können.

Aus alten Paletten wird mit ein paar Schrauben und etwas Farbe eine schicke Bank. Sitzkissen erhöhen den Komfort.

Hier wurden Baumstämme aus nachhaltiger Forstwirtschaft zu Sitzen und einem Lebensraum für Tiere.

Möbel aus Abfällen der Holzindustrie haben einen kleinen CO_2-Fußabdruck.

HANDGEMACHTE STÜCKE

Möbeltischler können aus Naturmaterialien, zum Beispiel regional bezogenem Altholz, wunderschöne Stücke herstellen. Fragen Sie, woher sie ihr Material beziehen, damit Sie sicher sein können, dass sie aus kontrollierten, nachhaltigen Quellen stammen (S. 85). Manche Handwerker bieten fertige Gartenmöbel an, andere bauen auf Wunsch maßgeschneiderte Einzelstücke. Auf jeden Fall haben regional, hochwertig und mit viel Handarbeit hergestellte Möbel eine wesentlich kleinere CO_2-Bilanz als solche aus industrieller Produktion.

Suchen Sie auch nach Firmen, die Gartenmöbel aus wiederverwertetem Kunststoff und anderen umweltfreundlichen Materialien herstellen. Es gibt Stühle, die zu 100 Prozent aus recyceltem Kunststoff bestehen, der aus dem Meer gefischt wurde, Hängematten aus biologischer, wiederverwerteter Baumwolle, Kissen aus alten Plastikflaschen und Sitzsäcke aus alten Segeln, die sonst auf dem Müll gelandet wären. Der Überseetransport verschlechtert zwar ihre CO_2-Bilanz, aber in der Summe ist sie meist trotzdem besser als die anderer Produkte, die es im Handel zu kaufen gibt.

ALTER TOPF, NEUER DECKEL

Halten Sie im Haus, im Schuppen und im Garten Ausschau nach Dingen, die nicht mehr genutzt werden, aber als Pflanzgefäße dienen können. Fast jedes Gefäß, das nicht mit gesundheitsschädlichen Mitteln behandelt wurde, eignet sich dafür. So bekommen Taschen, Töpfe und alte Möbel einen Nutzen und müssen nicht entsorgt werden. Bepflanzt sind sie auf der Terrasse oder im Garten ein origineller Hingucker.

GEFÄSSE AUSWÄHLEN

Viele Haushaltsgegenstände können zu umweltfreundlichen Pflanzgefäßen werden. Dazu gehören Frischhaltedosen, Kochtöpfe, Waschschüsseln und Einkaufstaschen. Auch Möbelstücke wie Schubladen oder Schränke können den Zweck erfüllen. In Zinkwannen finden Stauden und kleinere Sträucher Platz. Jutesäcke sind eher für einjährige Pflanzen geeignet. Sie verrotten nach einiger Zeit und können dann kompostiert werden. Um Staunässe zu vermeiden, bohren Sie mehrere Löcher in den Boden des Pflanzgefäßes. Für Kunststoff oder Metall nehmen Sie am besten einen Metallbohrer.

Gestapelte Ziegel schaffen ein rustikales Ambiente für recycelte Gefäße.

Ein Apothekerschrank gewinnt durch Bepflanzung an Charakter.

In einer alten Handtasche können Mangold und Lauchzwiebeln wachsen.

Mauerpfeffer, Hauswurz und schöne Steine als originelles Sitzkissen

STÜHLE BEGRÜNEN

Eine ungewöhnliche Art, Sukkulenten und andere flachwurzelnde Pflanzen zu präsentieren, ist das Bepflanzen eines alten Holzstuhls. Ersetzen Sie die Sitzfläche durch Teichfolie oder einen leeren Erdesack, den Sie wenden, sodass die schwarze Seite nach außen zeigt. Nehmen Sie die Folie oder den Sack doppelt und nageln Sie ihn an den Stuhlrahmen. Lassen Sie dabei die Folie etwas durchhängen, damit Erde und Pflanzen hineinpassen. Stechen Sie dann einige Löcher in die Folie, sodass Wasser ablaufen kann. Füllen Sie sandige Sukkulentenerde ein und bepflanzen Sie den Stuhl mit Mauerpfeffer *(Sedum)* oder Hauswurz *(Sempervivum)* oder säen Sie Pflücksalat in eine Mischung aus Pflanz- und Aussaaterde. Für Wildblumen muss die Folie stärker durchhängen.

VOM KÜCHENSIEB ZUR HÄNGEAMPEL

Küchensiebe sind dekorative Hängegefäße für Walderdbeeren, Pflücksalate oder pollenreiche Einjährige. Wenn Sie keins aus dem Küchenschrank ausrangieren möchten, werden Sie in Trödelläden bestimmt fündig. Abzugslöcher haben Siebe bereits. Wenn sie bepflanzt sind, brauchen Sie zum Aufhängen eine alte Kette oder eine dicke Schnur.

SIE BRAUCHEN ein altes Küchensieb • Folie (optional) • Ketten und Draht oder dicke Schnur • Blumenerde (S. 50–51) • Pflanzen • einen Metallhaken oder eine -öse

1 Stechen Sie zwei oder drei Abzugslöcher in ein Stück alte Plastikfolie und legen Sie diese im Küchensieb aus. So wird Wasser besser gehalten. (Möchten Sie kein Plastik verwenden, müssen Sie das Sieb häufiger gießen). Füllen Sie das Sieb halb mit Erde.

2 Stellen Sie die Pflanzen hinein und füllen Sie es weiter mit Erde, die Sie leicht andrücken.

3 Stecken Sie den Draht durch drei gleich weit auseinanderliegende Löcher am oberen Rand und befestigen Sie die Ketten daran. An ihren oberen Enden binden Sie sie mit einem weiteren Stück Draht zusammen. (Alternativ können Sie die Ketten an einen Haken oder eine Öse hängen.) Wenn Sie Schnur verwenden, fädeln Sie sie durch die Sieblöcher und binden Sie sie oben zusammen.

4 Gießen Sie die Pflanzen gut an und hängen Sie das Sieb an einen Haken oder eine Metallhalterung. Achten Sie darauf, dass Sie es gut gießen können. Gießen Sie die Pflanzen alle zwei Tage, bei warmem Wetter täglich.

1

2

3

4

MEHR STELLFLÄCHE

Sie können Ihre Topfpflanzen auf eine alte Holzleiter stellen und Ihre Gartengestaltung so auf ein neues Niveau heben. Stellen Sie die Töpfe so auf, dass jede Pflanze ausreichend Licht bekommt. Mit alten Holzstühlen oder Holzbrettern auf gestapelten Ziegeln erreichen Sie auf Terrassen und Balkonen den gleichen Effekt.

Auf einer Leiter nehmen Pflanzen sich nicht gegenseitig das Licht.

HOCHBEETE AUS GEBRAUCHTEM HOLZ

Obst und Gemüse wächst in Hochbeeten besser als in Bodenbeeten, vor allem wenn der Boden in Ihrem Garten sehr mager oder sehr lehmig ist. In Hochbeeten aus altem Holz, die man mit Erde und Kompost füllt, wachsen Ihre Nutzpflanzen unter optimalen Bedingungen. Selbstgebaute Hochbeete sind nicht nur günstiger als gekaufte Bausätze, sondern auch besser für die Umwelt.

In Hochbeeten können Sie Gemüse und Salat von den angrenzenden Wegen aus ernten, ohne die Beete zu betreten.

GÄRTNERN IM HOCHBEET

Viele Zier- und Nutzpflanzen wachsen in Hochbeeten gut. Pflücksalate, Zwiebeln, Radieschen, Kohl und Erbsen sowie kälteempfindliche Gemüsearten wie Feuerbohnen, Tomaten, Zucchini und Paprika gehören dazu. Blühpflanzen wie Studentenblumen *(Tagetes)* und Ringelblumen *(Calendula)* sehen zwischen Gemüse schön aus und locken Bienen an, die das Fruchtgemüse bestäuben.

In der fruchtbaren Erde in Hochbeeten können die Pflanzen enger zusammenstehen als im Boden. So können Sie auf der Fläche mehr ernten und müssen weniger Unkraut jäten, denn das dichte Laubwerk beschattet den Boden und die Unkrautsamen können nicht keimen. Um die Pflanzen vor Vögeln und Schädlingen zu schützen, stecken Sie in jede Ecke des Beets einen Stab und bedecken Sie es zum Schutz mit einem entsprechenden Netz (S. 68–69).

Wenn Sie Ihr Hochbeet mit nährstoffreicher Erde füllen, können Sie es dichter bepflanzen.

Je höher das Beet, desto weniger müssen Sie sich beim Ernten bücken.

MATERIALIEN WÄHLEN

Alte Gerüstbohlen bekommen Sie bei Abbruchunternehmen. Sie sind ideal für Hochbeete. Materialien, die mit gesundheitsschädlichen Stoffen behandelt wurden, sollten Sie nicht verwenden. Die Materialkosten variieren je nach Art der Behandlung. Alte Bodendielen müssen zum Beispiel in Handarbeit von Nägeln befreit werden, bei Gerüstbohlen ist weniger Aufwand notwendig, bevor sie verkauft werden können. Überprüfen Sie die Zertifikate des Händlers und fragen Sie, woher das Holz kommt, vor allem wenn es Hartholz ist, das aus Regenwäldern stammen könnte.

EIN HOCHBEET BAUEN

Wenn Sie handwerklich geschickt sind, brauchen Sie für dieses Hochbeet nicht länger als einen Tag. Sie können es einlagig bauen. Durch die zweite Lage wird es höher und ist auch leichter zu bearbeiten.

SIE BRAUCHEN dicke Handschuhe • 8 zugeschnittene Bretter, hier wurden 4 à 2 m und 4 à 1,2 m verwendet • Stöcke oder Kreide • Spaten • Wasserwaage • Bandmaß • Gummihammer • Bohrmaschine • Akkuschrauber • lange Sechskantschrauben • Mischung aus Gartenerde und Kompost

1 Legen Sie die Bretter auf dem Boden zu einem Rechteck zusammen und markieren Sie ihre Position mit Stöcken oder Kreide. Entfernen Sie die Grasnarbe und Unkräuter von den Bereichen, wo der Rahmen später steht. Aus dem künftigen Beet sind ausdauernde Unkräuter zu entfernen. Die Grasnarbe kann bleiben, denn sie stirbt unter der Erde ab.

2 Stellen Sie die erste Lage Bretter in Position. Überprüfen Sie mit der Wasserwaage, dass sie gerade liegen. Entfernen Sie nach Bedarf Erde oder füllen Sie welche auf. Versichern Sie sich auch, dass der Rahmen rechtwinklig ist, indem Sie prüfen, ob die Diagonalen gleich lang sind.

3 Bringen Sie die Bretter mit dem Gummihammer in die richtige Position. Die Ecken müssen bündig abschließen. Bohren Sie pro Ecke zwei Löcher vor und verbinden Sie die Bretter mit Schrauben.

4 Legen Sie die nächste Lage Bretter auf den unteren Rahmen, sodass sie an den Ecken versetzt sind. Prüfen Sie mit der Wasserwaage, ob alles gerade ist, und verschrauben Sie die Ecken. Sie müssen die beiden Rahmen nicht verbinden. Durch das Eigengewicht des Holzes ist der Rahmen stabil. Füllen Sie das Hochbeet mit einer Erde-Kompost-Mischung.

1

2

3

4

MEHR STABILITÄT

Hat Ihr Hochbeet drei oder mehr Lagen, stabilisieren Sie es mit Kanthölzern. Schrauben Sie diese in jeder Ecke senkrecht an die Bretter. Als Drainageschicht, und um nicht so viel Erde in das Beet füllen zu müssen, bedecken Sie den Boden zunächst mit Tonscherben oder Ziegelschutt.

Senkrechte Stützen in den Ecken machen das Hochbeet stabiler.

GARTENGERÄTE AUSWÄHLEN

Gartengeräte aus wiederverwertetem oder biologisch abbaubarem Material wie Holz sind meist langlebiger als billige Plastikprodukte. Sie lassen sich auch besser reparieren. Schneid- und Grabewerkzeuge aus zweiter Hand können Jahrzehnte halten. Schauen Sie sich nach Geräten um, die noch gut funktionieren. Behandeln Sie Ihr Werkzeug sorgfältig und bewahren Sie es trocken auf.

Sauber und trocken gelagerte Gartengeräte halten länger.

Metallharken und -hacken mit Holzstiel halten oft ein Leben lang.

Regelmäßiges Schärfen der Sägeblätter macht Baumsägen langlebiger.

LANGLEBIGES KAUFEN

Gartengeräte wie Spaten, Grabegabel, Pflanzkelle und Hacke sind für jeden Gärtner unverzichtbar. Achten Sie wie bei jedem Produkt für den Biogarten beim Kauf auf die Qualität und die verwendeten Materialien. Werkzeuge aus nachhaltig angebautem Holz (S. 85), Metall, Bambus und Kork können mit etwas Pflege ein Leben lang halten. Suchen Sie nach alten, gut erhaltenen Geräten, bevor Sie etwas Neues kaufen. Scheren und Sägen mit stark verrosteten Klingen kann man oft nicht mehr retten, aber eine dünne Rostschicht lässt sich leicht entfernen (s. rechts). Achten Sie beim Kauf neuer Geräte auf die Garantiezeit. Sie gibt Aufschluss über Haltbarkeit und Qualität.

GERÄTE REPARIEREN

Kaufen Sie Gartengeräte mit Holzstielen, denn diese können leicht repariert werden, wenn sie kaputtgehen. Ersatzstiele in verschiedenen Längen und mit verschiedenen Griffen gibt es online, in Baumärkten oder Gartencentern. Schauen Sie sich in Onlinevideos an, wie die Stiele ersetzt werden. Haben Sie nicht das passende Werkzeug oder die notwendigen Kenntnisse, fragen Sie einen lokalen Fachmann. Die alten Stiele können Sie zersägen und für Totholzstapel oder Insektenhotels nutzen (S. 124–125).

Kaputte Holzgriffe zu ersetzen, erhöht die Nutzungsdauer.

ALLES ZUM GIESSEN

Achten Sie auf die Bezeichnung »bleifrei«, wenn Sie einen neuen Gartenschlauch kaufen. Meiden Sie alte Modelle, die in den Anschlussstücken und in den Schläuchen Blei enthalten. Vinylschläuche aus Polyvinylchlorid (PVC) enthalten Phthalate, die Unfruchtbarkeit und Krebs verursachen können. Wählen Sie Schläuche aus Kautschuk und Anschlussstücke aus Edelstahl. Erkundigen Sie sich beim Hersteller, ob der Kautschuk aus nachhaltigen Quellen stammt. Finden Sie keinen Schlauch, der Ihren Ansprüchen genügt, gießen Sie Ihre Pflanzen mit anderen Hilfsmitteln und mulchen Sie die Beete, sodass sie weniger Wasser benötigen. Viele Kunststoffkannen sind aus PVC. Besser sind verzinkte Metallkannen, die auch länger halten.

Achte Sie beim Kauf eines Schlauchs darauf, dass er blei- und phthalatfrei und aus nachhaltig produziertem Kautschuk ist.

GERÄTE PFLEGEN

Um Rost von alten Klingen und Sägeblättern zu entfernen, legen Sie sie 24 Stunden eine 50:50-Mischung aus Essig und Wasser. Entfernen Sie den restlichen Rost mit Stahlwolle. Trocknen Sie die Klingen und reiben Sie sie mit Leinöl ein. So sind sie künftig vor Rost geschützt.

Um Scheren und andere Schneidwerkzeuge lange nutzen zu können, reinigen und schleifen Sie die Klingen regelmäßig. Stumpfe Klingen führen zu unsauberen Schnitten, sodass Krankheiten in die Pflanzen eindringen können. Reiben Sie die Klingen mit Leinöl ein und entfernen Sie Flecken mit Sandpapier. Schärfen Sie die Klingen mit einem Schleifstein. Winkeln Sie den Stein dabei so an, dass ein scharfer Grat entsteht. Sie können Klingen auch nachkaufen.

Pflegen Sie die Holzgriffe von Gartengeräten, indem Sie sie mit Wasser und einer harten Bürste reinigen. Wenn sie rauh werden oder Splitter bekommen, schleifen Sie sie mit Sandpapier und tragen anschließend mit einem weichen Lappen Lein- oder Kokosöl auf.

TOP TIPP In Tauschnetzwerken oder bei Online-Auktionen bekommen Sie hochwertige Gartengeräte aus zweiter Hand sehr günstig. Sie müssen dann nicht entsorgt werden. Die meisten bestehen aus mehreren Materialien und lassen sich nicht gut recyceln.

Entfernen Sie Rost mit Stahlwolle von Werkzeugklingen.

Schärfen Sie die Schere, indem Sie einen Schleifstein über die Klinge ziehen.

Arbeiten Sie nach dem Reinigen Öl mit einem weichen Lappen in das Holz ein.

GARTENHELFER SELBER MACHEN

Bevor Sie Gartenhelfer kaufen, suchen Sie zu Hause nach Dingen, die sich umfunktionieren lassen. Neue Frühbeete und Rankhilfen sind teuer, außerdem enthalten Sie oft Bestandteile, die nicht wiederverwertbar sind. Eigene Gartenhelfer zu bauen, spart Geld und verbessert die CO_2-Bilanz. Mit Verpackungen, Holzresten und Küchenutensilien können Sie Pflanzen schützen und vorziehen. Größere Dinge wie Glasscheiben zum Abdecken kälteempfindlicher Pflanzen oder Fässer zum Sammeln von Regenwasser finden Sie über Tauschnetzwerke oder auf Nachbarschaftsseiten.

SCHNELL GEMACHT

Einige nützliche Gartenhelfer sind schnell selbstgemacht, auch wenn Sie nur wenig Platz und kaum Werkzeug oder handwerkliches Geschick haben. Ein Beispiel sind Plastikflaschen, deren Boden Sie abschneiden, um die obere Hälfte als Pflanzglocke zu verwenden. Um Vögel von frisch eingesäten Beeten fernzuhalten, spannen Sie Schnüre darüber und knoten Streifen aus Aluminiumfolie daran. Oder Sie stecken Plastikflaschen auf Bambusstäbe. Das Rascheln im Wind schreckt die Vögel ab. Oder Sie bauen eine echte Vogelscheuche: Äste werden zu Armen, alte Kleidungsstücke der Körper, ein ausgestopfter Socken der Kopf.

Plastikflaschen auf Bambusstäben wackeln im Wind. Das entstehende Geräusch hält Vögel fern.

Ein selbstgebautes Frühbeet schützt Jungpflanzen im Winter.

FRÜHBEETE BAUEN

Frühbeete bestehen aus Holzrahmen mit einem durchsichtigen Deckel, die den Pflanzen Schutz vor den Elementen bieten. Sie schützen zwar nicht vor Frost, eignen sich aber zum Überwintern relativ robuster Pflanzen, die bei kalter und nasser Witterung dennoch Schaden nehmen könnten. Oder Sie nutzen sie zum Vorziehen, bevor Sie die Jungpflanzen nach den letzten Frösten ins Freie setzen können. Um ein Frühbeet zu bauen, suchen Sie sich einen alten Fensterrahmen mit heilen Scheiben. Bauen Sie die Unterkonstruktion wie auf Seite 90–91 für Hochbeete beschrieben. Schrauben Sie dann die Fenster mit Scharnieren an die Unterkonstruktion. Achten Sie darauf, dass Sie gut aufliegen und dicht schließen.

REGENTONNEN BAUEN

Regentonnen aus alten Eichenfässern sind eine ökologische Alternative zu nicht biologisch abbaubaren Kunststoffmodellen, die zudem nach einiger Zeit brechen können. Kaufen Sie Regenfässer fertig oder besorgen Sie sich alte Holzfässer bei spezialisierten Händlern. Das Fass sollte einen Deckel haben, der das Wasser vor Verunreinigungen schützt. Es sollte außerdem nicht für Chemikalien genutzt oder mit Holzschutzmitteln behandelt worden sein. Stellen Sie das Fass erhöht, sodass eine Gießkanne unter den Hahn passt. Auch Hähne bekommt man im Handel. Stellen Sie das Fass höchstens 50 cm von einem Fallrohr entfernt auf. Installieren Sie dann den Regensammler am Fallrohr entsprechend der Anleitung. So stellen Sie sicher, dass das Regenfass nicht überläuft.

Regenfässer speichern viel Wasser zum Gießen.

PFLANZSTÜTZEN FLECHTEN

Weiche Äste von Weiden werden seit vielen Jahrhunderten verwendet, um Geflochtenes wie Pflanzstützen herzustellen. Sie eignen sich für Feuer- und Stangenbohnen, sehen aber auch mit blühenden Kletterpflanzen wie Wicken oder kleinen Waldrebensorten schön aus. An einen sonnigen Standort mit feuchtem Boden können Sie eine Weide in den Garten pflanzen (*Salix alba*, *S. viminalis* oder *S. purpurea*) statt Weidenruten zu kaufen.

1 Ernten Sie Weidenruten im Vorfrühling, indem Sie die Ruten junger Bäume mit einer Astschere oder einer Baumsäge ein bis zwei Augen über dem Stamm abschneiden. Dieses sogenannte Köpfen regt die Weide an, neue gerade Ruten zu bilden. Köpfen Sie Ihre Weide alle zwei bis drei Jahre.
2 Stecken Sie bis zu sieben stabile Ruten als senkrechte Stützen in den Boden. Orientieren Sie sich dabei an einem Tontopf. Binden Sie die Ruten oben mit einer weichen Rute oder mit Schnur zusammen. Weichen Sie die trockenen Ruten vor dem Flechten zwei bis drei Tage ein, dann sind sie wieder flexibel.
3 Weben Sie am unteren Ende mehrere Ruten um die Stützen. Befestigen Sie diese mit weicheren Ruten oder Schnur. So bekommt die Stütze Stabilität.
4 Stellen Sie die Pflanzstütze am gewünschten Platz auf.

1

2

3

4

ENERGIESPAREND GÄRTNERN

Ob elektrisches Gartengerät oder Gartenbeleuchtung – moderne Gartenausstattung benötigt oft Energie und trägt zur Umweltverschmutzung und zum Klimawandel bei. Wir können viel Energie sparen, wenn wir uns nur kurz vor Augen führen, wie frühere Generationen gegärtnert haben. Traditionelle Lowtech-Methoden verbessern die CO_2-Bilanz, und der Garten bleibt trotzdem schön und produktiv. Mit den hier vorgestellten Methoden verbrauchen Sie weniger Energie und tun sich und der Umwelt etwas Gutes.

WORKOUT IM GARTEN

Mit elektrischen Geräten geht die Gartenpflege leichter von der Hand. Der Preis dafür ist die Umweltzerstörung, die sie verursachen. Es ist ein interessanter Widerspruch, dass wir im 21. Jahrhundert im Garten weniger körperlich arbeiten, aber im Fitnessstudio trainieren. Dabei ist Arbeit an der frischen Luft gut für die Gesundheit und hilft, Umweltverschmutzung zu vermeiden. Untersuchungen zufolge stärkt Gartenarbeit die Muskeln, verbessert die Knochendichte, senkt Cholesterinwert und Blutdruck und trägt somit zu einem gesünderen und längeren Leben bei. Wissenschaftler haben außerdem herausgefunden, dass bei Bewegung in einer natürlichen Umgebung mehr Telomerase gebildet wird. Das Enzym soll altersbedingten Krankheiten vorbeugen. Tauschen Sie also Elektrogeräte gegen handbetriebene Rasenmäher und Astscheren. Investieren Sie in einen Reisigbesen aus Birkenzweigen, anstatt einen Laubbläser für Ihren Garten zu kaufen. Und schrubben Sie Terrassenbeläge lieber mit heißem Wasser und einer harten Bürste, statt den Hochdruckreiniger anzuwerfen.

TOP TIPP Verwenden Sie im Garten keine Putzmittel. Sie gelangen in Teiche und andere Gewässer, wo sie Tiere schädigen und zur Umweltbelastung beitragen.

Ein Handmäher trainiert genauso gut wie ein Fitnessgerät und verbraucht weder Benzin noch Strom.

Mit einem Reisigbesen rechen Sie Laub effektiv und ökologisch zusammen.

WENIGER HEIZEN

Mit dem Trend, Sitzplätze im Freien zu beheizen, wurde auch die Kritik lauter, dass Terrassenöfen und Feuerschalen schlecht für die Umwelt sind. Gasbetriebene Heizpilze haben eine schlechte CO_2-Bilanz. Infrarot-Heizungen, die den Körper statt die Luft wärmen, sind zwar effizienter, haben aber ebenfalls »Nebenwirkungen«. Das Verbrennen von Kohle und Holz in einer Feuerschale ist in einigen Ländern verboten, denn es setzt Stoffe frei, die die Gesundheit und die Luftqualität beeinträchtigen. Selbst wenn lokale Naturprodukte verwendet werden wie das Holz, das Sie von Bäumen aus dem eigenen Garten geschnitten haben, entstehen laut einer Studie innerhalb von einer Stunde Lagerfeuer mehr Luftschadstoffe als durch einen Lastwagen mit Dieselmotor. Die Frage ist also: Müssen Sitzplätze im Freien überhaupt beheizt werden? Eine kuschelige Decke hält an kühlen Abenden unter Umständen besser warm als ein Ofen. Eine Hecke um den Sitzplatz schützt zusätzlich. So müssen Sie weniger heizen und sparen Energie.

Eine Hecke am Sitzplatz hält Wind und Kälte ab.

Um Lichtverschmutzung zu vermeiden, die Tiere und Pflanzen schädigt, schalten Sie Licht im Garten nachts aus.

WEGWEISEND PLANEN

Die meisten Gartenlampen werden heutzutage mit LEDs betrieben, die sehr wenig Strom verbrauchen, oder mit Solarenergie, die ganz ohne auskommt. Der Schritt geht zwar in die richtige Richtung, aber die Lichtverschmutzung und ihr negativer Effekt auf die Tierwelt bleiben. Studien haben gezeigt, dass manche LEDs blaues Licht erzeugen, das Tiere und auch Menschen stärker schädigt als andere Wellenlängen. Die Lichtverschmutzung stört das natürliche Verhalten von Tieren. Amseln beginnen eigentlich erst mit der Dämmerung zu singen. In hell erleuchteten Städten konnte man sie aber die ganze Nacht hören. Auch Fledermäuse, Zugvögel, Fische und Insekten sowie Pflanzen sind betroffen. Solarlampen sind nicht so hell und der Effekt ist geringer. Leuchten sie die ganze Nacht, sind aber auch sie schädlich. Stellen Sie Licht im Garten also immer aus, wenn Sie abends ins Haus gehen.

TOP TIPP Kaufen Sie keine billigen Solarleuchten, die schnell kaputtgehen. Sie sind meist aus Plastik und anderen schwer wiederverwertbaren Materialien. Die meisten landen daher nach ein oder zwei Jahren auf der Mülldeponie.

RICHTIG TROCKNEN

Einen Platz zum Wäschetrocknen im Garten zu haben, senkt den Energieverbrauch erheblich. Fast 75 Prozent aller amerikanischen und 50 Prozent der europäischen Haushalte besitzen einen Wäschetrockner. Er gehört zu den Haushaltsgeräten mit dem höchsten Energieverbrauch. Dabei trocknet Wäsche im Freien kostenlos. Das ist sogar besser für die Stoffe, denn Studien haben gezeigt, dass Trockner die Fasern abnutzen. Außerdem riecht luftgetrocknete Wäsche besser, besonders wenn Sie Lavendel oder Rosmarin unter die Leine pflanzen.

Das Trocknen auf der Leine verbraucht keinen Strom und schont den Stoff.

WASSER SPAREN

Wasser ist kostbar, selbst in Gegenden, wo es relativ viel regnet. Das Wasser, das aus unseren Hähnen fließt, wird aufbereitet und gefiltertet, damit wir es bedenkenlos trinken können. In manchen Regionen werden Chlor und andere Stoffe zugesetzt. Das alles verbraucht Energie und geht auf Kosten der Umwelt. Versuchen Sie im Garten daher möglichst Wasser zu sparen. Sammeln Sie Regenwasser. Wählen und platzieren Sie Ihre Pflanzen sorgfältig, vor allem wenn Sie in einer trockenen Region wohnen. Und gießen Sie nur Pflanzen, die wirklich Wasser brauchen.

Dichtes Blattwerk verhindert, dass Wasser aus dem Boden verdunstet.

Eine Mulchschicht sorgt dafür, dass der Boden besser Wasser speichern kann.

BODENWASSER SCHÜTZEN

Nutzen Sie den Regen in Ihrem Garten. Bedecken Sie dazu die Beete, wenn sie im Frühjahr gut durchfeuchtet, sind mit einer 5–10 cm dicken Schicht organischen Materials, etwa abgelagertem Mist oder Kompost (S. 48–53). Über die Bodenoberfläche verdunstet dann weniger Wasser und die Bodenfeuchte in tieferen Schichten bleibt erhalten. Sickert der Regen in tiefe Bodenschichten, folgen die Wurzeln ihm bis zu den Bereichen, wo die Erde gleichmäßiger feucht ist. So sind die Pflanzen widerstandsfähiger, wenn der Oberboden austrocknet.

PFLANZEN ZUM GARTEN PASSEND AUSWÄHLEN

Um weniger Wasser zu verbrauchen, wählen Sie Pflanzen, die zum Klima Ihrer Region und den Bedingungen im Garten passen. Trockenheitstolerante Arten passen zu Regionen mit wenig Regen, zu sonnigen Standorten auf Sandböden oder auf Hügel. Geeignet sind Zistrosen (*Cistus*), Mannstreu (*Eryngium*), Blauraute (*Perovskia atriplicifolia*, syn. *Salvia yangii*) und Wollziest (*Stachys byzantina*). Bodendecker für trockene Standorte wie Mauerpfeffer (*Sedum*), Hauswurz (*Sempervivum*) und Kapkörbchen (*Osteospermum*) sind ideal für Töpfe.

Lavendel, Salbei und Thymian gedeihen auf trockenen Böden.

Wo Regen oder sein Ausbleiben nicht vorhersagbar ist, was durch den Klimawandel inzwischen auf viele Regionen zutrifft, sind trockenheitstolerante Pflanzen nicht unbedingt die richtige Lösung. Ist Ihr Boden im Sommer sehr trocken, im Winter aber feucht, werden Lavendel und andere trockenheitsliebende Pflanzen die Wintermonate nicht überstehen. Wählen Sie stattdessen Pflanzen, die auf vielen Böden gedeihen und etwas Schatten vertragen, und platzieren Sie sie dort im Garten, wo weniger Sonne scheint. Geeignet sind Sommerflieder (*Buddleja*), Katzenminze (*Nepeta*), Storchschnabel (*Geranium*) und Sterndolden (*Astrantia*). Oder testen Sie, welche Halbschatten-Stauden in Ihrem Garten gedeihen.

Mauerpfeffer und Hauswurz kommen im Sommer fast ohne Wasser aus.

NICHT ZU VIEL GIESSEN

Eingewachsene Pflanzen mit einem großen Wurzelsystem gedeihen auch ohne Gießwasser. Ist das nicht der Fall, haben Sie vielleicht die falsche Pflanze an den falschen Ort gesetzt (S. 40–41). Auch in längereren Trockenphasen im Sommer kommen die meisten Bäume und Sträucher gut klar, vorausgesetzt die Trockenheit dauert nicht länger als ein bis zwei Monate an. Auch etablierte Stauden, die zu Ihrem Garten passen, müssen nie oder nur selten gegossen werden. Selbst Rasenflächen, die durch Trockenheit gelb und trocken geworden sind, erholen sich nach Regen. Es brauchen also nur wenige Gartenpflanzen eine Bewässerung. Dazu gehören Aussaaten, junge Pflanzen mit einem noch kleinen Wurzelsystem, neu gepflanzte, einjährige Gemüsearten sowie Pflanzen in Töpfen oder Kübeln. Übrigens haben Studien gezeigt, dass Pflanzen mehr sekundäre Pflanzenstoffe enthalten, wenn sie leichten Trockenstress hatten.

Balkonblumen in Töpfen müssen alle zwei bis drei Tage gegossen werden.

Gießen Sie Kohl und anderes Gemüse nur in Trockenperioden.

Eingewachsene Gehölze, die zum Klima und zum Boden passen, brauchen auch bei Trockenheit keine Bewässerung.

Gießen Sie mit der Brause direkt auf die Erde der Wurzelzone.

RICHTIG GIESSEN

Pflanzen nehmen Wasser vor allem über die Wurzeln auf. Blätter und Blüten zu befeuchten, bringt daher wenig. Gießen Sie stattdessen mit einer Kanne mit Brause oder einem Schlauch mit weichem Strahl den Wurzelbereich. Gießen Sie reichlich, damit das Wasser tief in den Boden gelangt. Gießen Sie häufig, aber nur wenig, wird nur die obere Schicht feucht, in der die Wurzeln eher austrocknen. Achten Sie auch bei Topfpflanzen darauf, dass das Wasser an die Erde gelangt, und nicht über die Blätter am Boden abfließt. Gießen Sie Töpfe ein- bis zweimal pro Woche, kleinere eventuell sogar täglich. Gießen Sie morgens oder abends, damit möglichst wenig Wasser durch Verdunstung verloren geht.

GUT ZU WISSEN

Gießen Sie im Sommer schlapp aussehende Pflanzen nicht sofort. Für manche ist dies ein kurzzeitiger Zustand, durch den sie Wasser sparen. Sie schließen die Spaltöffnungen der Blätter und verdunsten kein Wasser mehr. Schauen Sie abends, wenn es kühler wird, noch einmal nach den Pflanzen und gießen Sie nur Exemplare, die es dann noch benötigen.

WASSER SAMMELN UND NUTZEN

Indem Sie Regenwasser nicht versickern lassen, sondern es auffangen und sammeln, schaffen Sie sich wertvolle Vorräte. Außerdem verhindern Sie, dass es aus dem Garten auf die Straße läuft, das Abwassersystem überlastet und Schadstoffe in Gewässer spült. Regenwasser, das Sie in Tonnen oder Eimern sammeln, ist ideal für Pflanzen: Es enthält kein Chlor, welches in manchen Regionen dem Leitungswasser zugesetzt wird, das viele Pflanzen aber nicht vertragen. Je nach dem, welche Reinigungsmittel oder Seifen Sie verwenden, können Sie im Garten auch mit Grauwasser gießen.

Lassen Sie Wasser nicht einfach von Dächern abfließen.

REGENWASSER NUTZEN

Sammeln Sie möglichst viel Regenwasser von Dächern und versiegelten Flächen. Schließen Sie Regentonnen an Fallrohre von Wohnhäusern, Garagen, Schuppen und Gewächshäusern. Nutzen Sie das gesammelte Wasser für durstige Pflanzen aller Art (S. 99). Wasser aus Regentonnen ist außerdem bestens geeignet, um Teiche und Wasserbecken aufzufüllen. Leitungswasser könnte ihre aquatischen Ökosysteme aus dem Gleichgewicht bringen. Stellen Sie auch im Vorgarten eine Regentonne auf. So verhindern Sie, dass das Abwassersystem überlastet wird und halten Umweltschäden geringer, die nach Starkregen und Gewittern entstehen.

REGENTONNE AUSSUCHEN

Tonnen aus Kunststoff sind relativ günstig, bringen aber mehr nicht abbaubares Material in den Garten. Auf begrenztem Raum ist eine schmale Plastiktonne aber vielleicht das einzig passende. Entscheiden Sie sich für ein hochwertiges Modell aus recyceltem Kunststoff, damit die Auswirkungen auf die Umwelt möglichst gering sind. Modelle aus verzinktem Stahl sind umweltfreundlicher, heizen sich im Sommer aber stark auf, sodass das Wasser verdunstet. Halten Sie stattdessen Ausschau nach alten Weinfässern.

Regentonnen aus Recycling-Kunststoff sind günstig und praktisch.

Regentonnen sollten oben geschlossen sein oder einen gut schließenden Deckel haben. Sonst wird das Wasser durch Laub und andere Kleinteile verschmutzt.

Die einfachste Art, eine Regentonne anzuschließen, ist ein Regensammler, der in das Fallrohr eingebaut wird. Sie können das Wasser auch aus der Tonne in weitere Behälter fließen lassen. So geht nichts verloren, wenn die Tonne voll ist. Stellen Sie dann aber sicher, dass die Behälter groß genug sind, um alles Wasser aufzufangen. Sonst laufen sie über und überschwemmen den Garten.

GUT ZU WISSEN

- Nutzen Sie die Regentonne häufig, sollte das Wasser sauber und klar bleiben. Beginnt es zu stinken, entfernen Sie Verunreinigungen, wie Laub oder Moos, das den Geruch verursachen könnte.
- Verwenden Sie zum Reinigen der Tonnen keine Bleichmittel. Sie töten Pflanzen.
- Nutzen Sie ein spezielles Reinigungsmittel für Regentonnen, das Tieren nicht schadet.
- Füllen Sie Vogeltränken nicht mit Regenwasser. Es könnte vom Dach gefallenen oder eingespülten Vogelkot enthalten, der die Gesundheit der Vögel gefährdet.

WEITERE MÖGLICHKEITEN, WASSER ZU SAMMELN

Auch wenn Sie keine Regentonne aufstellen können, können Sie Regenwasser sammeln. Stellen Sie Eimer oder oben geöffnete Tanks abseits von Bäumen auf. Nach einem kräftigen Regenguss sind sie gut gefüllt. Oder stellen Sie offene Behälter auf Dachgärten oder Balkonen und gießen die Zimmerpflanzen damit. Die meisten vertragen Regenwasser besser als Leitungswasser. Bedecken Sie Regentonnen im Garten mit Kaninchendraht, damit Kleintiere und Schmutz nicht hineinfallen.

Lassen Sie das gesammelte Wasser nicht zu lange stehen. Es sollte nicht zu riechen beginnen. Haben Sie momentan keine Verwendung dafür, füllen Sie es in saubere Flaschen und lagern diese kühl. So bleibt es etwas länger frisch.

Behälter zum Wassersammeln können ein dekoratives Gestaltungselement sein. Decken Sie sie aber ab, damit Tiere und Schmutz nicht hineinfallen.

Wasser vom Gemüsewaschen kann man auffangen und im Garten verwenden.

GRAUWASSER NUTZEN

Als Grauwasser bezeichnet man das Abwasser aus der Badewanne, der Dusche, sowie den Waschbecken in Bad und Küche. Teile davon können bedenkenlos im Garten verwendet werden, bei anderen hängt es davon ab, welche Reinigungsmittel Sie verwenden. Viele Geschirrspülmittel enthalten Tenside. Diese tragen zur Umweltverschmutzung bei, wenn sie in Gewässer gelangen (S. 30). Tenside können auch Fische und andere Wassertiere schädigen. Sogar auf vielen als umweltfreundlich gekennzeichneten Produkten findet man einen entsprechenden Warnhinweis. Enthält sie Paraffine oder Farb- und Duftstoffe, ist selbst biologisch abbaubare Seife schädlich.

Wasser mit natürlichen Fetten wie zum Beispiel Kokosöl, Sheabutter, Olivenöl, Aloe vera und Palmöl aus nachhaltigem Anbau kann in kleinen Mengen für Zier- und Nutzpflanzen genutzt werden, solange die essbaren Teile der Pflanzen nicht damit in Berührung kommen. Gießen Sie Wurzel- oder Blattgemüse wie Salate also nicht damit. Nutzen Sie Grauwasser immer direkt und lagern Sie es nicht. Die Seifenstoffe ziehen Krankheitserreger an. Nutzen Sie Grauwasser mit Seifenresten nicht an Stellen, wo es in Teiche oder andere Gewässer abgespült werden kann. Wasser, mit dem Sie Gemüse geputzt haben, kann bedenkenlos für Pflanzen und in der Nähe von Gewässern verwendet werden. Stellen Sie eine Schüssel in die Spüle, um es aufzufangen.

Ein Insektenhotel aus verschiedenen Naturmaterialien bietet einer Vielzahl an Arten eine Heimat in Ihrem Garten.

LEBENSRÄUME FÜR TIERE

Biogärten bieten vielfältigen Tieren Unterschlupf. Insekten, Vögel, Fledermäuse, Frösche, Kröten und Kleinsäuger zählen dazu. Wer diese Arten im eigenen Garten fördert, leistet einen wichtigen Beitrag zum Umweltschutz. Zudem lässt sich so auch das beunruhigende Verschwinden von Bienen, Schmetterlingen und anderen Arten abwenden, deren Lebensräume durch den Klimawandel zerstört werden. Nehmen Sie die Herausforderung an und entdecken Sie in diesem Kapitel, wie Sie ein eigenes Naturschutzgebiet gestalten können, das alle Lebewesen erfreut.

TIEREN NAHRUNG BIETEN

Geeignete Nahrung und Wasser anzubieten, ist eine der besten Möglichkeiten, Tiere in den Garten zu holen. Futterspender sind hilfreich, aber Pflanzen sind für die Tierwelt wesentlich nützlicher. In einem abwechslungsreich bepflanzten Garten entsteht ein komplexes Nahrungsnetz, das alle Gartenbewohner versorgt, vom winzigen Käfer im Boden bis zu Füchsen, Vögeln und Fledermäusen.

DAS ÖKOSYSTEM GARTEN

Natürliche Ökosysteme ergeben sich aus dem komplexen Zusammenspiel zwischen Tieren und Pflanzen in einem bestimmten Lebensraum. Das gilt auch für Gärten. Allerdings können sich die Bedingungen in benachbarten Gärten stark voneinander unterscheiden. In Ihrem Garten gibt es vielleicht eine Wildblumenwiese, bei Ihrem Nachbarn mehrere Nadelbäume. In Gärten greift der Mensch stark ein. Zudem sind sie meist eher klein, das heißt weniger anpassungsfähig als größere Ökosysteme. Das stark vereinfachte Nahrungsnetz unten zeigt, wie Organismen in einem Garten voneinander abhängig sind: Lebende und tote Pflanzen dienen Pflanzenfressern und Zersetzern als Nahrung, die wiederum von Beutetieren gefressen werden. Das Schaubild verdeutlicht, wie die Veränderung eines Teils des Ökosystems, zum Beispiel der Einsatz eines Pflanzenschutzmittels gegen Blattläuse, das gesamte System verändert. Die Folgen sind nicht vorhersehbar und oft unerwünscht.

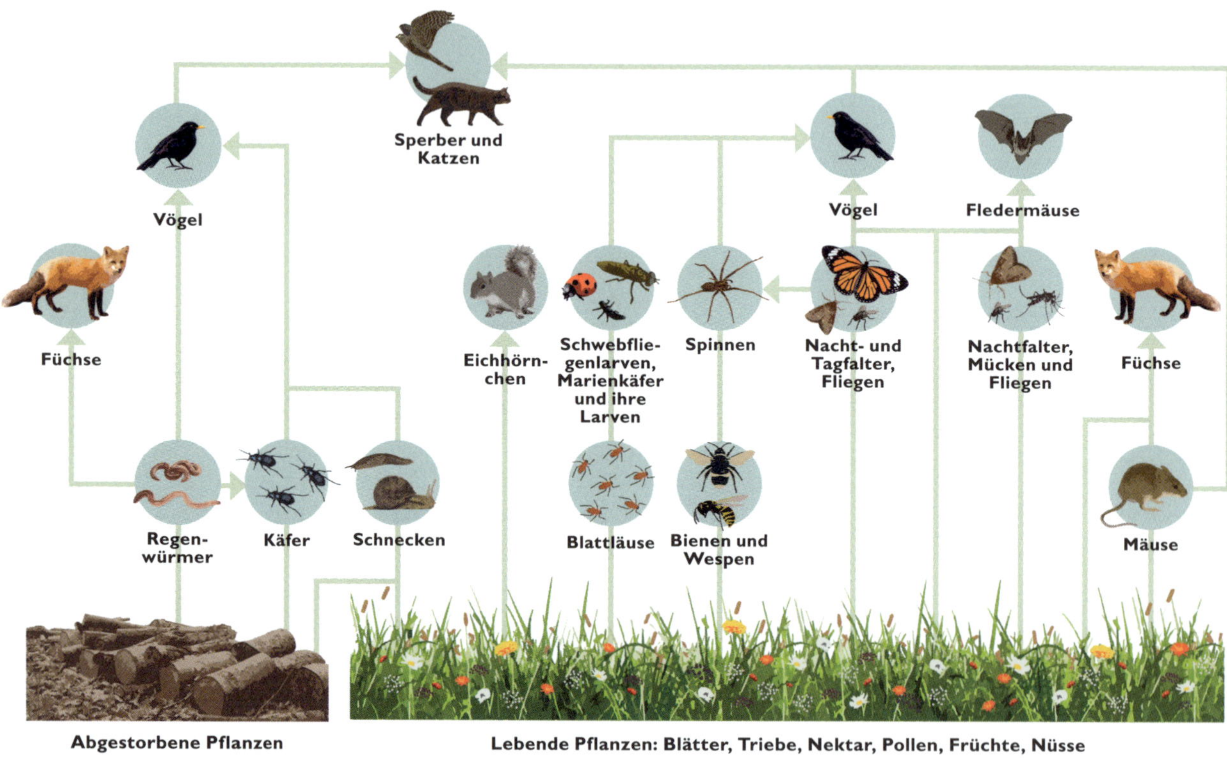

Diese vereinfacht dargestellte Nahrungskette zeigt, wie die vielen Arten in einem Garten voneinander abhängen.

Unterschiedliche Lebensräume bieten mehr Tierarten ein Zuhause.

MEHR FUTTERQUELLEN SCHAFFEN

Dass in einem Garten Pflanzen die Hauptnahrungsquelle für Tiere sind, liegt auf der Hand. Je vielfältiger Sie ihn bepflanzen, desto mehr Tiere finden dort einen Unterschlupf. Bäume sind als Lebensraum enorm wichtig. Ihr Laub dient Käfern, Nachtfaltern und anderen Insekten als Nahrung, Früchte und Beeren Vögeln, Insekten und Kleinsäugern. Schon wenn Sie ein oder zwei Bäume pflanzen, darunter einen fruchttragenden, laden Sie zusätzliche Arten in Ihren Garten ein (S. 18–19). Pflanzen Sie verschiedene Blühpflanzen für Bestäuber (S. 126–133) und geben Sie heimischen Arten Raum, denn einige Insekten sind auf diese Nahrung angewiesen. Wenn Sie die Speisekarte für Insektenlarven durch Sträucher und großblättrige Pflanzen ergänzen, finden sich weitere Arten im Garten ein. Bieten Sie zusätzlich rund ums Jahr Futter, damit der Tierwelt jederzeit genug zur Verfügung steht. In einem Garten, in dem nur nektar- und pollenarme Sommerblumen wachsen und es im Frühjahr und Winter kein Futterangebot gibt, werden die Tiere verschwinden. In Gärten mit Bäumen, Hecken und großen Sträuchern findet man das meiste Tierleben.

VOM LEBEN UND STERBEN

Herabgefallenes Laub ist wahrscheinlich nicht das erste, was Ihnen als Nahrungsquelle für Tiere in den Sinn kommt. Aber Zersetzer ernähren sich von diesen und anderen abgestorbenen Pflanzenmaterialien wie Wurzeln und Zweigen. Diese Würmer, Käfer und Asseln sind für Ökosysteme sehr wichtig, denn andere Lebewesen, darunter auch Bakterien und Pilze, sind von ihnen abhängig. Lassen Sie Herbstlaub im Beet kompostieren und Gehölzschnitt in einer Gartenecke verrotten.

Totes Pflanzenmaterial liefert den Zersetzern im Garten Nahrung.

Wespen ernähren sich von Obst und füttern ihre Larven mit Insekten.

DER FEIND IM BEET

In vielen Fällen sind Beutetiere, die sich von Pflanzenfressern ernähren, Freunde des Gärtners, denn sie übernehmen die natürliche Schädlingskontrolle. Auch Vögel fressen Insekten, aber Tiere wie Spinnen, Hundertfüßler und sogar Wespen, die vielleicht nicht zu Ihren Lieblingen gehören, sind ebenfalls wichtige Schädlingsjäger. Gleichzeitig dienen sie anderen Lebewesen als Nahrung. Alle sind Teil des Ökosystems und sollten gefördert, zumindest aber toleriert werden, denn sie schützen Pflanzen.

NOCH MEHR FUTTER UND LEBENSRÄUME

Das Nahrungsnetz-Schaubild zeigt, dass ein vielfältig bepflanzter Garten der beste Weg ist, Tieren Nahrung zu bieten. Es gibt aber Zeiten, wo das nicht ausreicht. Vögel zusätzlich zu füttern und Nist- und Überwinterungsmöglichkeiten für Insekten aufzustellen, unterstützt diese Gartenbewohner. Auch Wasser ist wichtig. Ein Teich bereichert Ihren Garten um ein weiteres funktionierendes Ökosystem.

Ein Baumstamm als Insektenhotel lockt zusätzliche Arten in den Garten.

NAHRUNG FÜR BIENEN & ANDERE BESTÄUBER

Es gibt weltweit etwa 20 000 Bienenarten, die blühende und fruchttragende Pflanzen bestäuben, darunter viele Nutzpflanzen. Durch Pflanzenschutzmittel, den Klimawandel, Krankheiten und den Rückgang von Lebensräumen geht der Bienenbestand jedoch zurück. Manche Arten sind sogar ausgestorben. Schützen Sie Bienen und andere wichtige Bestäuber mit einer vielfältigen Gartenflora.

Honigbienen tragen Pollen von Pflanze zu Pflanze und in den »Höschen« an den Beinen in den Bienenstock.

BIENEN IN DER KRISE

Das Bienensterben ist ein weltweites Problem. In den USA gingen die Bestände heimischer Bienen in den vergangenen Jahren um bis zu 25 Prozent zurück. Aus Europa gibt es ähnliche Zahlen. 75 Prozent aller Nutzpflanzen werden von Bienen bestäubt, darunter so wichtige wie Äpfel, Beeren und Tomaten. Jede Hilfe von Gärtnern ist eine Investition in die Zukunft dieser wichtigen Insekten. Pflanzen Sie daher Blüten als Nahrungsquelle und verzichten Sie auf Pflanzenschutzmittel und Unkrautvernichter. Viele Studien haben gezeigt, dass Bienen von Pestiziden schwach und orientierungslos werden. Sie finden ihre Nahrung nicht mehr, sind nicht mehr widerstandsfähig gegen Krankheiten und werden unfruchtbar.

Bienen bestäuben Blumen, aber auch viele Nutzpflanzen.

Solitärbienen fliegen nicht weit und brauchen Nahrung in der Nähe des Nests.

In ungefüllten Blüten sind Pollen und Nektar für Bienen gut erreichbar.

BIENENARTEN

Jede der vielen Bienenarten ist auf bestimmte Blüten spezialisiert und hat andere Mundwerkzeuge. Manche Hummelarten haben lange Zungen, mit denen sie an Nektar und Pollen in Lavendel- oder Geißblattblüten gelangen. Honigbienen haben kürzere Zungen und benötigen Blüten, in denen sie leichter an Nahrung gelangen.

Der Lebenszyklus von Bienen bestimmt, wann und wo sie Nahrung brauchen. Solitär lebende Arten wie die Mauerbienen überwintern als Puppen. Da adulte Tiere keine weiten Entfernungen zurücklegen, sind sie darauf angewiesen, nah am Nest Futter zu finden, wenn die Larven im Frühling schlüpfen (S. 124). Hummelvölker sterben im Herbst und lassen die alten Nester leer zurück. Nur die Königinnen überleben. Sie überwintern. Im Frühjahr sieht man sie wieder, wenn Sie auf Nahrungssuche gehen und Nester für Ihre Eier bauen. Im Sommer schlüpfen die Jungtiere. Honigbienen überwintern in ihren Stöcken und brauchen Honigreserven, um zu überleben. An warmen Tagen verlassen sie den Stock ab und zu. Durch die immer wärmeren Winter sind sie manchmal unterwegs, wenn noch wenig Nahrung verfügbar ist. Sorgen Sie dafür, dass sie jederzeit welche finden.

FUTTERQUELLEN

Da jede Bienenart andere Pflanzen bevorzugt, gestalten Sie Ihren Garten möglichst vielseitig. Hummeln lieben im Frühling Lungenkraut *(Pulmonaria)* und im Sommer Lavendel. Honigbienen haben eine Vorliebe für frühblühende Zwiebelblumen und Mauerpfeffer und später im Jahr für Efeu. Je größer die Pflanzenvielfalt in Ihrem Garten, desto mehr Bienenarten werden zu Gast sein. Selbst auf Balkonen und Terrassen können sie bienenfreundliche Pflanzen wie Zinnien, Cosmea *(Cosmos)* und Löwenmäulchen (*Antirrhinum majus*) in Töpfen ziehen.

Gestalten Sie den Garten so, dass rund ums Jahr etwas blüht. Im Winter liefern Mahonien, Winterlinge (*Eranthis hyemalis*), Schneeglöckchen (*Galanthus*) und Hasel (*Corylus*) Nahrung. Danach Zwiebelblumen wie Krokusse und Traubenhyazinthen (*Muscari*) und blühende Baumarten. Denken Sie auch an sommer- und herbstblühende Arten, sodass ausreichend Nahrung vorhanden ist, wenn die Bienen am aktivsten sind (S. 126–133).

Mahonien liefern Futter für Bestäuber, die an warmen Wintertagen schwärmen.

Traubenhyazinthen sind pflegeleichte Zwiebelpflanzen voller Bienenfutter.

TOP TIPP Lassen Sie im Vorfrühling an manchen Stellen das Gras wachsen und das Laub liegen, sodass Hummelköniginnen auf Futtersuche sichere Rückzugsorte finden. Sehen Sie eine Hummelkönigin, die sich für eine Weile nicht bewegt, auf der Terrasse oder einer anderen befestigten Fläche, bringen Sie sie vorsichtig an einen geschützten Platz oder zu einer bienenfreundlichen Pflanze.

Schwebfliegen sehen aus wie kleine Wespen und sind harmlose Bestäuber.

WEITERE WICHTIGE BESTÄUBER

Bienen sind die wohl bekanntesten Bestäuber, aber auch andere Insekten spielen eine wichtige Rolle.

- Käfer waren die ersten Bestäuber, die sich vor über 160 Millionen Jahren entwickelt haben, und sie tragen heute noch zur Bestäubung bei.
- Fliegen, Wespen und Schwebfliegen, die wie Wespen aussehen, aber nicht stechen, spielen wie Schmetterlinge ebenfalls eine Schlüsselrolle.
- Nachtfalter sind ebenfalls nützlich. Sie bestäuben Pflanzen, die abends duften. Passende Pflanzen für diese schönen Insekten finden Sie auf S. 108–109.

FUTTER FÜR TAG- UND NACHTFALTER

Schmetterlinge bereichern Gärten vom Frühling bis in den Herbst und sind die wohl beliebtesten Insekten. Nachtfalter stehen auf der Beliebtheitsskala etwas weiter unten, sind aber für das Ökosystem genauso wichtig. Larven und adulte Tiere dienen Vögeln als Nahrung und enthalten wichtige Nährstoffe für Küken. Tag- und Nachtfalter schlüpfen im Frühjahr aus ihren Kokons und gesellen sich dann zu den anderen Bestäubern. Allerdings nimmt ihr Bestand weltweit immer mehr ab. Indem wir Ihnen Nahrung und neue Lebensräume bieten, können wir dazu beitragen, dass die Populationen sich wieder erholen.

Nektarreiche Korbblüten ziehen viele Schmetterlingsarten an.

SCHLECHTE ZEITEN

Über das Bienensterben wird in den Medien viel berichtet. Wissenschaftler befürchten jedoch, dass Tag- und Nachtfalter noch stärker gefährdet sind. Sie reagieren schnell auf Umweltveränderungen wie steigende Temperaturen und das Schwinden von Lebensräumen und sind bedroht. Wissenschaftler, die in Großbritannien 28 Falterarten untersuchten, fanden heraus, dass ihre Bestände seit 1995 um fast 70 Prozent zurückgegangen sind. In den USA ist die Lage nicht besser. Dort sind die Bestände des Monarchfalters seit Mitte der 1990er-Jahre um 80 Prozent gesunken. Im 20. Jahrhundert starben im Vereinigten Königreich 50 Prozent der Nachtfalterarten aus. In Europa sieht es für die nachtaktiven Tiere derzeit nicht gut aus.

DEN TREND UMKEHREN

Tag- und Nachtfalter sind für die Bestäubung wichtig. Verschwinden sie, hat das einen verheerenden Effekt auf viele Pflanzen sowie auf Vögel, die sich von Larven und adulten Nachtfaltern ernähren. Der Rückgang der Arten wird oft auf die intensive Landwirtschaft und auf Pflanzenschutzmittel zurückgeführt. Wissenschaftler halten den Verlust von Lebensräumen und die Luftverschmutzung aber für die Hauptgründe. In Städten sind versiegelte Gärten und eine geringe Artenvielfalt das Problem. Gärtner können dem leicht entgegenwirken. Eine vielfältige Bepflanzung und Bereiche für Wildpflanzen helfen den Larven der Falter. Manche werden zwar auch an Zierpflanzen knabbern, doch wenn sich der Schaden in Grenzen hält, verstecken Sie die Fraßstellen einfach hinter anderen Pflanzen. Auch nektarreiche Blühpflanzen (siehe rechts) lassen die Bestände größer werden.

Schmetterlinge saugen Blütennektar mit ihren langen Rüsseln.

PFLANZEN FÜR TAGFALTER …

Wählen Sie heimische Pflanzen, die als Futter für die Larven dienen, um Tagfalter anzulocken. Lassen Sie Gräser und Unkräuter wie Brennnesseln wachsen, die zu den Lieblingspflanzen heimischer Schmetterlingsarten gehören. Erwachsene Tiere brauchen Nektar vor allem im Frühling, wenn sie schlüpfen, und im Herbst, wenn sie für das Überwintern Energie sammeln müssen. Empfehlenswerte Pflanzen für den Frühling sind Obstbäume, Zierlauch und Nachtviolen (*Hesperis matronalis*). Astern und Fetthenne (*Sedum*) sorgen in der Nachsaison für Nahrung. Schmetterlinge lieben Wärme. Setzen Sie die Pflanzen daher an sonnige, geschützte Stellen. Bepflanzen Sie den Garten möglichst artenreich und setzen Sie pro Pflanzenart mehrere Exemplare.

PFLANZEN FÜR ADULTE TAGFALTER Zierlauch (*Allium*) • Sommerflieder (*Buddleja*) • Kornblume (*Centaurea cyanus*) • Kugeldistel (*Echinops ritro*) • Mannstreu (*Eryngium*) • Nachtviole (*Hesperis matronalis*) • Hohe Fetthenne (*Hylotelephium*) • Lavendel (*Lavandula angustifolia*) • Waldgeißblatt (*Lonicera periclymenum*) • Minze (*Mentha*) • Katzenminze (*Nepeta*) • Phlox (*Phlox drummondii* oder *P. paniculata*) • Salbei (*Salvia officinalis*) • Aster (*Symphyotrichum*) • Flieder (*Syringa vulgaris*)

Adulte Falter legen ihre Eier auf solche Pflanzen, die die Larven bevorzugen.

Kornblumen zählen zu den Wildblumen, die Falter anziehen.

Der Nektar von Mannstreu (*Eryngium*) ist eine der Lieblingsspeisen von Faltern.

… UND FÜR NACHTFALTER

Wie bei Tagfaltern fressen die Raupen einiger Nachtfalterarten die Blätter heimischer Gehölze, andere bevorzugen Wildblumen und Gräser. Bringen Sie in Erfahrung, welche Pflanzenarten in Ihrer Region heimisch sind, und setzen Sie diese in Ihren Garten, um die Insekten anzulocken. Die meisten erwachsenen Nachtfalter sind nach Sonnenuntergang aktiv und werden von hellen Blüten angezogen, die abends duften.

PFLANZEN FÜR NACHTFALTER Sommerflieder (*Buddleja*) • Echter Jasmin (*Jasminum officinale*) • Waldgeißblatt (*Lonicera periclymenum*) • Levkojen (*Matthiola longipetala*) • Tabak (*Nicotiana*) • Nachtkerze (*Oenothera biennis*) • Petunie (*Petunia*)

Jasmin lockt Nachtfalter mit süßem Duft zu seinen Blüten.

DER LEBENSZYKLUS

Viele Falter legen ihre Eier auf Futterpflanzen. Sie sind meist auf bestimmte Arten spezialisiert. Andere lassen ihre Eier im Flug in hohes Gras fallen. Falter, deren Eier überwintern, legen diese oft auf Baumstämme. Aus den Eiern schlüpfen Raupen, die die meiste Zeit mit der Nahrungsaufnahme verbringen. Haben sie ihre endgültige Größe erreicht, verpuppen sie sich. Im Kokon läuft das letzte Stadium des Lebenszyklus ab. Aus ihm schlüpft dann der voll entwickelte Tag- oder Nachtfalter.

VÖGELN FUTTER ANBIETEN

Gärten können vielen verschiedenen Vogelarten einen Lebensraum bieten. Dazu zählen Arten, die das ganze Jahr dort bleiben, aber auch Zugvögel, die nur für ein paar Monate zum Brüten zu uns kommen. Ein Futterspender ist eine gute Möglichkeit, Vögel in den Garten zu locken. Mit Pflanzen, deren Samen und Beeren bei Vögeln beliebt sind, halten Sie Ihre Gartengäste im Herbst und Winter gesund.

Seidenschwänze fressen gern Beeren, besonders die der Eberesche (*Sorbus aucuparia*), auch Vogelbeerbaum genannt.

Amseln und Drosseln lieben eiweißreiches Futter, zum Beispiel Würmer.

WAS FRESSEN VÖGEL?

Vögel sind Allesfresser. Sie ernähren sich von Insekten, Würmern und Weichtieren, aber auch von Nüssen, Samen und Beeren. Mit Gehölzen und Blühpflanzen holen Sie Insekten in den Garten, sodass Vögel jedes Jahr ein reichhaltiges Nahrungsangebot vorfinden. Auch in Rasenflächen leben Insekten und Würmer, die nach Regen an die Bodenoberfläche kommen. Lassen Sie einen Rasenbereich wachsen und blühen, locken Sie noch mehr Insekten an.

Heimische Gehölze bieten zusätzlich ein Festmahl an Früchten, Beeren und Nüssen. Blühpflanzen wie Sonnenblume oder Silberblatt (*Lunaria annua*) und Aster haben eiweißreiche Samen, die die Vögel stärken, wenn es kälter wird. Auf den Seiten 134–139 finden Sie weitere geeignete Pflanzen.

EIN BEET FÜR VÖGEL GESTALTEN

Legen Sie an einem sonnigen bis halbschattigen Standort ein Beet mit samen- und fruchttragenden Blühpflanzen und Stauden an, damit möglichst viele Vögel in Ihren Garten kommen. Entfernen Sie dafür im Frühherbst ausdauernde Unkräuter, Steine und andere Grobteile. Pflanzen Sie größere Sträucher wie Feuerdorn (*Pyracantha*), Holunder (*Sambucus nigra*) und Gemeinen Schneeball (*Viburnum opulus*) in den Hintergrund, und zwar so, dass sie auch noch genug Platz haben, wenn sie größer werden. Setzen Sie Pflanzen, deren Samen bei Vögeln beliebt sind (S. 134–139), jeweils in Gruppen von drei oder mehr Exemplaren. Kombinieren Sie früh- und spätblühende Arten, zum Beispiel Mädchenauge (*Coreopsis*) mit Kugeldisteln (*Echinops*), deren Samen Vögel im Winter gern picken. Gießen Sie das Beet nach dem Pflanzen gut an und mulchen Sie es mit eigenem Kompost. Auf Sandböden mulchen Sie erst im Frühjahr.

Feuerdorn trägt je nach Sorte rote, orange oder gelbe Beeren, von denen Vögel sich im Herbst und Winter ernähren.

Futterhäuser sollten frei stehen, damit Katzen den Vögeln nicht auflauern können.

PLÄTZE FÜR FUTTER-STELLEN FINDEN

Ein abwechslungsreicher Garten bietet Vögeln viele Köstlichkeiten. Mit dem Füttern unterstützen Sie sie im Winter oder in der Brutzeit. Um vielen Arten gerecht zu werden, wählen Sie verschiedene Futterstellen wie Tische und Spender. Stellen Sie Futtertische an ruhige Orte, wo Sie die Vögel beobachten können, ohne sie zu stören, und so frei, dass Katzen oder andere Jäger ihnen nicht auflauern können. Ist ein Ast oder Ähnliches in der Nähe, können die Vögel zuerst prüfen, ob sie in Sicherheit sind, während sie futtern. Hängen Sie an weiteren ähnlichen Stellen Futterspender auf.

Manche Vögel fressen auf dem Boden. Streuen Sie etwas Futter auf den Rasen oder die Terrasse. Geben Sie nur so viel, wie an einem Tag gefressen wird, damit kein Ungeziefer angezogen wird.

FUTTERGLOCKEN MACHEN

Sie können Futterglocken selbst herstellen indem Sie einen Teil Rindertalg oder Schmalz mit zwei Teilen Vogelfutter und Rosinen langsam zum Schmelzen bringen. Ist das Fett weich, gießen Sie die Mischung in eine Form. Zum Aufhängen der Futterglocke verwenden Sie ein Gefäß mit Loch und stecken Sie eine Schnur hindurch, bevor Sie das Fett in die Form gießen. Hängen Sie die Glocken an Äste, wo die Vögel vor Jägern in Sicherheit sind.

Futterglocken enthalten Talg oder Schmalz, Samen und Rosinen.

AUSWAHL ANBIETEN

Ein Futtertisch mit Samen, Rosinen, Haferflocken, Apfelstückchen und Mehlwürmern zieht eine große Vielfalt an Vögeln an. Füllen Sie Erdnüsse in Spender aus Gitterdraht, damit kleine Vögel nicht daran ersticken. Kaufen Sie nur Nüsse, die kein Aflatoxin enthalten. An diesem Stoffwechselprodukt von Schimmelpilzen sterben Vögel. Zerbröseln Sie die Nüsse vor dem Einfüllen mit dem Nudelholz. Füllen Sie weitere Futterspender mit einem Samenmix. Auch Meisenknödel sind beliebt. Wählen Sie nur solche ohne Plastiknetz oder entfernen Sie es vor dem Aufhängen.

GUT ZU WISSEN

- Lassen Sie auf Futtertischen und in ihrer Nähe keinen Vogelkot oder schimmeliges Futter liegen. Sonst vermehren sich Parasiten und Bakterien.
- Reinigen Sie Tische und Spender regelmäßig mit heißem Seifenwasser.
- Stellen Sie die Futterstationen an wechselnden Orten auf, damit sich darunter kein Kot ansammelt.
- Nach dem Reinigen der Stationen gründlich die Hände waschen.

Hängende Futterspender sind bei Meisen und Spechten beliebt.

BLUMENWIESEN

Legen Sie im Garten eine Blumenwiese an, zieht das die unterschiedlichsten Tiere an – Bienen sowie Tag- und Nachtfalter auf Nektarsuche und Vögel, die sich von den Samen ernähren. Schon auf einer kleinen, sonnigen oder teilweise schattigen Fläche finden heimische Gräser und Blütenpflanzen Platz. Säen Sie die Wiese im Frühherbst ein, wenn der Boden warm und feucht ist. Mit dieser Anleitung entwickelt sich die Wiese gut und blüht Jahr für Jahr.

In kleinen Gärten kann man Wildblumen in ein bestehendes Beet säen.

Wiesen mit einjährigen Feldblumen müssen jedes Jahr neu ausgesät werden, damit sie immer wieder schön aussehen.

WAS SIND BLUMENWIESEN?

Eine echte Wildblumenwiese besteht aus mehrjährigen Pflanzen, die jedes Jahr austreiben. Sie enthält heimische Grasarten und Blumen wie Skabiosen-Flockenblume, Wiesenmargerite, Klee, Hornklee (*Lotus corniculatus*), Butterblume, Wiesen-Storchschnabel (*Geranium pratense*) und Zaunwicke (*Vicia sepium*). Solche Wiesen sind farblich eher zurückhaltend und werden von wenigen Pflanzenarten bestimmt. Sie werden einmal ausgesät und jeden Sommer gemäht.

Viele Gartenbesitzer wünschen sich aber die bunte Mischung aus einjährigen Feldblumen, die sie von Spaziergängen kennen. Sie besteht aus Gräsern und blühenden Einjährigen wie Kornblume (*Centaurea cyanus*), Klatschmohn (*Papaver rhoeas*), Kornrade (*Agrostemma githago*) und Saat-Wucherblume (*Glebionis segetum*). Die Blüten dieser Wildblumen sind eine gute Nektarquelle für Bestäuber. Sie blühen allerdings nur einmal und verschwinden dann. Es sei denn, man sät sie jedes Jahr neu aus oder man wendet den Boden im Herbst, um die Selbstaussaat zu fördern. Um von beiden Wiesenarten das Beste zu kombinieren, können Sie spektakuläre Blüher im Topf ziehen und in eine etablierte Wiese pflanzen (S. 61). Oder Sie säen Feldblumen in ein Staudenbeet.

DEN STANDORT WÄHLEN

Die meisten Wiesenpflanzen brauchen eine sonnige, freie Fläche mit magerem Boden. Sonst verdrängen die Gräser die Blütenpflanzen. Es gibt auch Mischungen für Schatten. Sie enthalten aber weniger blühende Arten. Natürlich leisten große Wiesen den größten Beitrag zur Artenvielfalt, aber selbst wenige Quadratmeter in kleinen bis mittelgroßen Gärten sind sinnvoll. Wählen Sie für die Neuanlage eine Fläche ohne Gehölze. Diese könnten die Keimung der Wiesenpflanzen verhindern.

Ist Ihr Boden zu nährstoffreich für eine Blumenwiese, entfernen Sie eine 8–15 cm dicke Erdschicht und säen Sie auf den mageren Boden darunter. Die abgetragene Erde können Sie in Töpfen oder Hochbeeten verwenden. Oder säen Sie im ersten Jahr Ackersenf. Er entzieht dem Boden Nährstoffe.

Wildblumen gedeihen am besten auf magerem Boden.

1

2

3

4

SO WIRD EINE BLUMENWIESE AUSGESÄT

SIE BRAUCHEN Saatgut von Wildblumen, passend zum Standort • Sand • Bambusstäbe • Laubrechen • Harke

1 Entfernen Sie Unkraut und Steine sowie wenn nötig den Oberboden (s. links). Bilden Sie mit der Harke ein feinkrümeliges Saatbett. Lassen Sie die Fläche zwei bis drei Wochen ruhen und jäten Sie sie dann erneut. Wässern Sie den Boden vor der Aussaat. Markieren Sie mit den Stäben quadratmetergroße Stücke.

2 Damit Sie das Saatgut besser verteilen können, mischen Sie es mit trockenem Sand. Wiegen Sie pro Quadratmeter 5 g Samen ab, mischen Sie sie mit Sand und füllen Sie die Portionen in saubere Behälter.

3 Säen Sie die Portionen quadratmeterweise aus und arbeiten Sie die Mischung mit dem Laubrechen leicht in den Boden ein. Betreten Sie bereits eingesäte Flächen nicht.

4 Drücken Sie die Saatgutmischung mit dem Rücken des Rechens an. So haben Samen und Erde guten Kontakt, was die Keimung erleichtert. Schützen Sie die Fläche mit einem Netz vor Vögeln, die eine Vorliebe für Blumensamen haben.

PFLEGE

Mähen Sie die Wiese 6–8 Wochen nach der Keimung auf etwa 5 cm Höhe und wiederholen Sie den Schnitt im ersten Sommer zweimal. Schneiden Sie die Wiese in den folgenden Jahren einmal im Jahr im Spätsommer, sobald die Samen ausgereift sind. Lassen Sie den Grünschnitt einige Tage auf der Wiese liegen. Dann können die Samen herausfallen. Entfernen und kompostieren Sie ihn dann. Sonst verrottet er auf der Fläche, was den Boden fruchtbarer macht.

NEUE LEBENSRÄUME SCHAFFEN

Gärten unterstützen Arten, die durch die Verarmung der Landschaft keinen Lebensraum mehr finden. Gartenbereiche für Tiere zu gestalten, unterstützt sie bei der Suche nach Verstecken, Futter und Nistmöglichkeiten. Je mehr Vögel, Säugetiere, Amphibien und Wirbellose in Ihrem Garten leben, umso mehr erhöht sich die genetische Vielfalt der Arten, was ihren Bestand sichert.

Ein Schneeball (*Viburnum*) bietet Schmetterlingen Schutz, wenn es regnet. Die Früchte dienen Vögeln als Nahrung.

KREATIVE IDEEN

In Gärten wächst in der Regel eine Vielfalt an Pflanzenarten, die zahlreichen Tieren nutzen (S. 104–105). Diese Vielfalt ist wichtig, denn je größer die Auswahl an Pflanzenarten, desto mehr Tiere zieht ihr Garten an. Sind sie einmal da und es fällt eine Nahrungspflanze aus, liefert ihnen eine andere die nötigen Nährstoffe.

Auch in kleinen Gärten können Sie mit etwas Kreativität neue Lebensräume schaffen. Stellen Sie Blühpflanzen und Sträucher in Töpfen auf die Terrasse. Eine Eibe mit Formschnitt im Kübel bietet Nistmöglichkeiten und im Herbst Früchte. Mit Regalen schaffen Sie vertikale Pflanzflächen. Hängeampeln können Sie mit nektarreichen Blühpflanzen und Kräutern (S. 126–133) bepflanzen. Begrünen Sie möglichst viele Wände und Zäune mit Kletterpflanzen. Auch sie bieten Futter und Nistmöglichkeiten. Efeu ist eine der besten Pflanzen für Tiere. Er sollte einmal im Jahr zurückgeschnitten werden.

Eine große Pflanzenvielfalt nützt einer Vielzahl an Gartenbewohnern.

In Töpfen bietet Efeu Bestäubern Nahrung, an einem Zaun Vögeln Nistplätze.

Ein vertikaler Topfgarten erhöht die Pflanzenvielfalt auf der Terrasse.

SUMPFBEETE ANLEGEN

Wenn Sie auf trockenem Boden einen feuchten Bereich anlegen, können Sie neue Pflanzen in den Garten holen und so die Artenvielfalt erhöhen. Am natürlichsten wirkt ein Sumpfbeet neben einem Teich oder einem kleinen Pool (S. 28–29). Legen Sie das Sumpfbeet an einem halbschattigen Platz an, sonst trocknet es sehr schnell aus. Nutzen Sie Regenwasser oder Leitungswasser, um die Erde in Trockenphasen feucht zu halten.

SIE BRAUCHEN Schnur oder Kreide • Spaten • Teichfolie oder recycelte Kunststoffplane • Grabegabel • Splitt oder Kies • Harke • reifen Kompost • eine Schere • Sumpfpflanzen

1 Markieren Sie die gewünschte Fläche mit der Schnur oder der Kreide und heben Sie eine 60 cm tiefe Grube aus. Legen Sie die Teichfolie oder Plane hinein. Beschweren Sie die Ränder. Stechen Sie nun mit der Grabegabel im Abstand von 60–90 cm Löcher in die Folie. Das Beet soll feucht, aber nicht staunass sein.

2 Damit die Löcher nicht verstopfen, schütten Sie eine 8 cm dicke Schicht Splitt oder Kies auf die Folie.

3 Füllen Sie das Sumpfbeet mit einer Mischung aus der vorher entnommenen Erde und Kompost. Schneiden Sie die überstehenden Folienränder mit der Schere ab. Wässern Sie das Beet mit mehreren Kannen Regenwasser.

4 Hat sich die Erde gesetzt, bepflanzen Sie das Beet und mulchen es mit organischem Material.

PFLANZEN FÜR EIN TIERFREUNDLICHES SUMPFBEET Wasserdost (*Eupatorium purpureum*) • Mädesüß (*Filipendula ulmaria*) • Bachnelkenwurz (*Geum rivale*) • Funkie (*Hosta*) • Greiskraut (*Ligularia* 'The Rocket') • Schneefelberich (*Lysimachia clethroides*) • Blut-Weiderich (*Lythrum salicaria*) • Etagenprimel (*Primula beesiana* und *Primula japonica*)

1

2

3

4

KRÄUTER-KASTEN

Balkonkästen mit pollenreichen Kräutern vergrößern ebenfalls die Artenvielfalt Ihres Gartens. Der Kasten rechts ist mit Thymian, rotem Basilikum und Wildem Majoran (*Origanum vulgare*) bepflanzt, dessen Blüten Bestäuber anlocken. Setzen Sie Salate zwischen die Kräuter und ernten Sie einzelne Blätter. Das verlängert die Erntezeit. Beginnen die Kräuter zu blühen, werden Schwebfliegen, Schlupfwespen und verschiedene Bienenarten angezogen, die den Pollen sammeln und Schädlinge in Schach halten. Sind Thymian und Majoran nach einigen Jahren zu groß geworden, setzen Sie sie in den Gemüsegarten oder in ein Staudenbeet und bepflanzen den Kasten neu.

Thymian, Majoran, Basilikum und Pflücksalat passen in einen Balkonkasten.

WASSER FÜR DIE GARTENFAUNA

Teiche sind für jeden Naturgarten eine Bereicherung (S. 28–29). Doch auch ohne Teich gibt es viele Möglichkeiten, Wasser bereitzustellen. Vogelbäder zum Trinken und Baden kann man leicht selber bauen. Oder Sie gestalten ein kleines Wasserbecken für durstige Gartenbewohner. Halten Sie das Wasser stets sauber, sonst breiten sich Krankheiten aus.

Stellen Sie im Winter sicher, dass Vogelbäder nicht einfrieren und das Wasser immer zugänglich bleibt.

Bienen stillen ihren Durst gerne in Vogeltränken oder Pfützen.

LEBENSWICHTIGES NASS

Alle Tiere brauchen Wasser zum Leben. Für Insekten wie Bienen genügen kleine Mengen. Man kann sie oft an Pfützen oder Wassertropfen auf Pflanzen trinken sehen. Vögel und Kleintiere benötigen eine Wasserquelle, aus der sie sicher trinken können. Sie sollte für ihre Feinde nicht erreichbar sein, und es darf keine Gefahr bestehen, dass sie darin ertrinken. Ein Teich mit flach abfallenden Ufern ist ideal. In kleinen Gärten gibt es andere Möglichkeiten, durstigen Gartenbewohnern zu helfen.

VOGELBAD- UND TRÄNKE

Nicht nur das Füttern von Vögeln ist wichtig. Auch ein Zugang zu sauberem Wasser hilft ihnen – vor allem im Winter und im Sommer, wenn die natürlichen Quellen eingefroren bzw. ausgetrocknet sind. Vögel brauchen Wasser zum Trinken und zum Baden. Es löst Schmutz aus den Federn und erleichtert die Gefiederpflege. Selbst auf kleinster Fläche findet sich Platz für ein bis zwei Vogeltränken. Auch für Kinder stellen sie keine Gefahr dar.

Ob gekauft oder selbst gebaut (s. rechts), wählen Sie den Standort für das Vogelbad sorgfältig. Vögel sind beim Baden abgelenkt und angreifbar. Die Umgebung sollte daher so sicher wie möglich sein. Vögel sollten einen guten Ausblick haben, Gehölze in der Nähe bieten Schutz und Ruheplätze. Damit Katzen den Vögeln nichts anhaben können, stellen Sie die Badestellen nahe dorniger Sträucher wie Stechpalme oder Feuerdorn auf. Oder legen Sie dornige Äste unter Bäume und Sträucher, damit Katzen sich dort nicht verstecken.

Besonders Jungvögel brauchen einen sicheren Ort zum Baden, denn mit nassem Gefieder können sie nicht so schnell wegfliegen.

In einem umgedrehten Mülltonnendeckel, dem Steine Stabilität verleihen, können gesellige Vogelarten zusammen baden.

VOGELBÄDER BAUEN

Ein gutes Vogelbad hat zur Mitte hin nur ein leichtes Gefälle. So können Vögel auf dem Rand sicher sitzen und trinken. Eine Wassertiefe von 2,5–10 cm ist ideal. Die Oberfläche sollte rau sein, damit die Vögel gut Halt finden und nicht ins Wasser fallen. Je größer das Vogelbad ist, desto mehr Vögeln nutzt es. Ganze Schwärme von Spatzen oder Staren werden schon bald an der Bademöglichkeit Gefallen finden.

Einen Stein in einen Tonuntersetzer oder ein anderes Gefäßen mit rauer Oberfläche zu legen, ist die einfachste Möglichkeit, ein Vogelbad zu bauen. Stellen Sie das Bad auf einen alten Gartenstuhl oder -tisch, ein stabil stehendes Stück Baumstamm oder einen Futtertisch. Umgedrehte Mülltonnendeckel aus Kunststoff oder Metall können als noch größere Vogelbäder dienen: Stabilisieren Sie den Deckel mit Erde oder Steinen. Die Steine im Wasser bieten Vögeln und Insekten einen sicheren Zugang.

Nach dem Reinigen des Vogelbades füllen Sie es mit frischem Leitungswasser.

WASSER SAUBER HALTEN

Reinigen Sie das Vogelbad wöchentlich und wechseln Sie alle ein bis zwei Tage das Wasser. Schrubben Sie es mit einer Bürste und kochendem Wasser, damit Algen, Laub, Vogelkot und Krankheitskeime das Bad nicht verunreinigen. Nehmen Sie auch die Steine heraus und reinigen Sie diese ebenfalls. Spülen Sie anschließend alles mit frischem Leitungswasser ab. Hartnäckigen Schmutz können Sie mit einem biologischen Reiniger entfernen. Spülen Sie in diesem Fall das Vogelbad über einem Spülbecken oder einem Abfluss ab. Friert das Vogelbad im Winter ein, geben Sie etwas kochendes Wasser hinzu.

GUT ZU WISSEN

Oft ertrinken Vögel und andere Gartenbewohner im Sommer, wenn natürliche Wasserquellen ausgetrocknet sind, weil sie versuchen, in offenen Regentonnen oder Wasserbecken mit senkrechten Rändern zu trinken. Decken Sie solche Behälter daher ab oder legen Sie ein Brett oder einen Ast hinein, von dem aus die Tiere trinken können, ohne ins Wasser zu fallen.

AUCH AN DIE KLEINEN DENKEN

Kleine Wasserspiele mit solarbetriebener Pumpe können für Vögel, Insekten und Kleintiere ebenfalls als Wasserquelle dienen. Gut geeignet sind Modelle, die Wasser über Steine sprudeln lassen. Durch die Bewegung bleibt das Wasser frisch. Verwenden Sie sauberes Wasser aus dem Wasserhahn oder einer Regentonne. Leitungswasser ist am sichersten. Wasser, das einen Geruch hat, kann Krankheitserreger enthalten und kommt nicht als Wasserquelle in Frage.

Aus einem Wasserspiel mit Steinen können Vögel sicher trinken.

DAS LEBEN IM UND AM TEICH

Ein Teich zieht viele Tiere an, von Vögeln über Amphibien wie Frösche, Kröten und Molche bis zu Wasserinsekten wie Wasserläufer und Ruderwanzen. In einem gut durchdachten Teich siedeln sich viele Arten an und es entsteht ein aquatisches Ökosystem. Damit in und um den Teich vielfältige Lebensräume entstehen, gestalten Sie unterschiedlich tiefe Bereiche und verschiedene Pflanzzonen. Sie bilden Habitate für jeweils andere Tier- und Pflanzenarten. Ist Ihr Grundstück klein, legen Sie in einem Holzfass oder einem glasierten Tontopf einen Miniteich mit Wasserpflanzen an.

TEICHE BEPFLANZEN

Untersuchungen haben gezeigt, dass es für Tiere am besten ist, wenn 50–75 Prozent der Wasserfläche mit Pflanzen bedeckt sind. Ist Ihr Teich groß, setzen Sie nicht-invasive Unterwasserpflanzen wie Seerosen und Gewöhnlichen Wasserhahnenfuß (*Ranunculus aquatilis*) hinein. Sie halten wuchernde Pflanzen in Schach, indem Sie Nährstoffe aufnehmen und mit ihren Blättern Licht fernhalten. Für kleine Teiche eignen sich Zwergseerosen wie die Sorten 'Pygemea'. Ist Ihr Teich in Stufen angelegt, setzen Sie Pflanzen für die Flachwasserzone in weniger tiefe Bereiche. Viele Tiere nutzen sie. Bei anderen Teichformen können Sie Tonziegel oder flache Steine aufstapeln, um Pflanzen in der passenden Wassertiefe aufzustellen.

Damit Teichpflanzen nicht wuchern, pflanzt man sie möglichst in spezielle, feinmaschige Kunststoffkörbe, die mit einer ungedüngten Erde gefüllt sind. Statt Körbe zu verwenden, können Sie bei alten schwarzen Kunststofftöpfen die Seiten mehrfach einstechen oder kleine Jutetaschen verwenden.

GUT ZU WISSEN

Achten Sie darauf, keine Pflanzen in Ihren Teich zu setzen, die für die Umgebung schädlich sind. Sogenannte sauerstoffspendende Pflanzen sind für einen vielfältig bepflanzten Teich nicht nötig. Viele von ihnen neigen zum Wuchern. Beispielsweise wurde in der EU das Brasilianische Tausendblatt (*Myriophyllum aquaticum*) auf die »Liste invasiver gebietsfremder Arten von unionsweiter Bedeutung« gesetzt.

Etwa in diese Tiefenzonen können Sie Teichpflanzen setzen, damit ein vielfältiges Ökosystem entsteht.

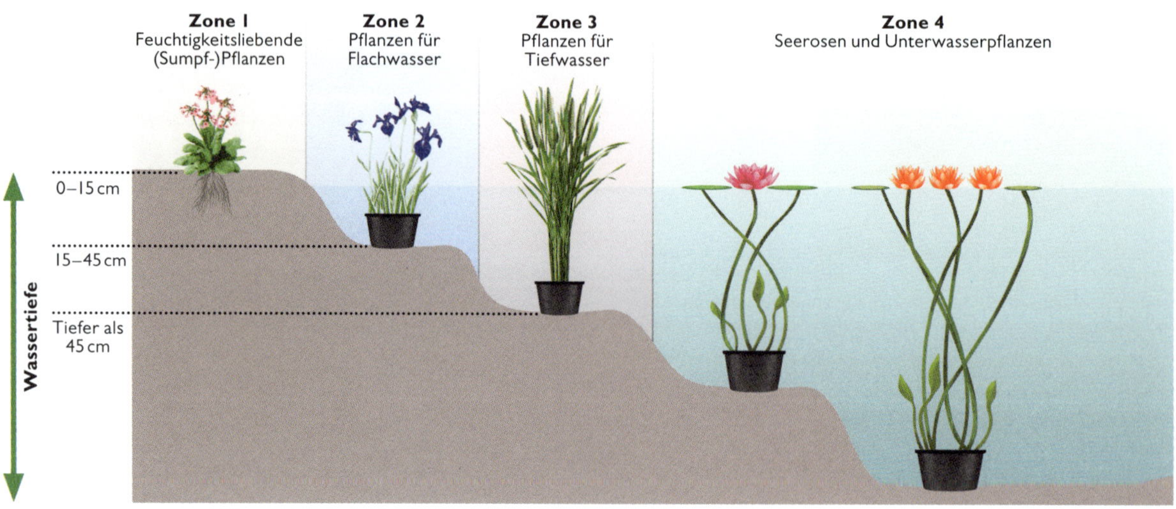

WER LEBT WO?

Ist der Teich angelegt, werden sich schon bald die ersten Tiere ansiedeln. Frösche und Kröten entdecken Gewässer sofort. Libellen gesellen sich im Sommer dazu. Schauen Sie genauer ins Wasser, werden Sie auf oder direkt unter der Oberfläche vielfältige Wasserinsekten entdecken: Wasserläufer gleiten darüber hinweg, Käfer, aber auch Schnecken und die Larven von Eintagsfliegen und Libellen verstecken sich unter Wasser an den Pflanzen. Wenn Sie der heimischen Tierwelt etwas Gutes tun wollen, setzen Sie keine Fische in den Teich. Sie fressen andere Teichbewohner, darunter auch Kaulquappen.

Frösche finden Teiche meist von selbst. Falls nicht, fragen Sie einen Freund oder Nachbarn nach Kaulquappen aus deren Gärten.

Fischen Sie Entengrütze mit einem langen Kescher von der Oberfläche ab.

WASSER SAUBER HALTEN

Ist Ihr Teich voller Entengrütze (kleine Blätter, die wie ein Film auf der Wasseroberfläche liegen) und Algen, fischen Sie diese mit einem Kescher ab. Algen wickeln Sie um einen Stock und ziehen sie so aus dem Wasser. Legen Sie sie vor dem Kompostieren für ein bis zwei Tage an den Teichrand. So finden Tiere ins Wasser zurück. Verzichten Sie auf chemische Algenvernichter.

PFLANZEN FÜR TEICHE

ZONE 1 Sumpfpflanzen (S. 115)

ZONE 2 Schwanenblume (*Butomus umbellatus*) • Sumpfdotterblume (*Caltha palustris*) • Sumpf-Schwertlilie (*Iris versicolor*) • Sumpf-Vergissmeinnicht (*Myosotis scorpioides*) • Pfeilkraut (*Sagittaria sagittifolia*)

ZONE 3 Kalmus (*Acorus calamus*) • Herzblättriges Hechtkraut (*Pontederia cordata*) • Zwergrohrkolben (*Typha minima*)

ZONE 4 Zwergseerosen (*Nymphaea odorata* var. *minor*; *N.* 'Pygmaea Helvola'; *N.* 'Pygmaea Rubra') • Seerosen (*Nymphaea* 'Froebelii'; *N.* 'Lemon Chiffon'; *N.* 'Marliacea Albida'; *N.* 'Rose Arey')

MINITEICHE ANLEGEN

Haben Sie keinen Platz für einen richtigen Teich, legen Sie in einem wasserdichten, glasierten Tongefäß oder einem halben Holzfass einen Miniteich an. Gestalten Sie »Trittstufen« aus umgedrehten Töpfen und Pflanzgefäßen, damit Wassertiere wie Frösche und Kröten leicht hinein und heraus gelangen und andere Tiere nicht ertrinken. Geeignete Pflanzen sind zum Beispiel Zwergseerosen, verschiedenfarbige Schwertlilien (*Iris versicolor*) und Zebra-Simse (*Schoenoplectus lacustris* subsp. *tabernaemontani* 'Zebrinus'). Die Pflanzen müssen geteilt werden (S. 44), wenn sie zu groß werden. Füllen Sie an warmen oder windigen Tagen Regenwasser nach.

Seerosen und Simsen sind ideal für Miniteiche, die Tieren zugutekommen.

RÜCKZUGSORTE FÜR VÖGEL

Schon ein paar Sträucher und ein oder zwei Bäume genügen, um Gärten vogelfreundlich zu gestalten. Gehölze bieten sichere Nistplätze und Futter und sorgen dafür, dass verschiedene Arten in dem belaubten Unterschlupf nisten. Nistkästen machen den Garten noch attraktiver. Sie schützen brütende Vögel und Jungvögel vor den Elementen und vor Raubtieren. Wichtig ist ein sicherer und stabiler Platz.

Ein Nistkasten aus Holz an einer Holzwand und teilweise von Pflanzen verdeckt ist bestens getarnt.

Bäume und größere Sträucher bieten sichere Nistplätze. Dünnere Zweige dienen zum Nestbau.

Nisthilfen für verschiedene Vogelarten gibt es in großer Auswahl.

SICHERHEIT BIETEN

Wenn Sie Vögeln Möglichkeiten zum Sitzen, Gefiederreinigen und Schlafen bieten, werden schon bald viele Arten Ihren Garten bevölkern. Vögel brauchen sichere Plätze, wie Bäume oder größere Sträucher, von denen aus sie nach Nahrung Ausschau halten können und wo Raubtiere nicht hingelangen. Ist Ihr Garten groß genug, pflanzen Sie einen Obstbaum und immergrüne Gehölze wie die Eibe (*Taxus baccata*), die im Winter Schutz und Nahrung bietet.

Ab dem Winter und im Frühling sind Vögel auf der Suche nach Nistplätzen. Kleine Vögel lieben Hecken aus dornigen Pflanzen wie Stechpalme (*Ilex*), Weißdorn (*Crataegus*) und Schlehe (*Prunus spinosa*). Immergrüne Kletterpflanzen sind bei vielen Vögeln beliebt. Efeu ist ideal, denn er bietet an Mauern oder Zäunen ein dichtes Laubdach, unter dem Jungvögel warm und geschützt sitzen können. Mauersegler und Schwalben bauen ihre Nester an trockenen Stellen unter Dachvorsprüngen. Größere Vogelarten brauchen ausgewachsene Bäume, in die sie ungestört ihre stabilen Nester bauen können. Die fantastischen Konstruktionen, die Krähen hoch oben in Bäume bauen, halten sogar Stürmen stand. Bäume, Sträucher und Gräser bieten Material für den Nestbau. Moos, Matsch und Spinnweben dienen als Mörtel.

NISTKÄSTEN AUSWÄHLEN

Bäume und Sträucher können gute Nistmöglichkeiten bieten, aber in festen Nisthilfen sind Eier und Jungvögel besser vor Jägern und den Elementen geschützt. Kaufen Sie Nistkästen oder bauen Sie sie selbst. Jede Vogelart hat eigene Ansprüche. Manche ziehen kleine Löcher als Eingang vor, andere Kästen mit offenen Fronten. Um vielen Arten gerecht zu werden, hängen Sie verschiedene Kästen im Garten auf. Kaufen Sie Nisthilfen nur in Fachgeschäften oder bei Vogelschutz- oder Naturschutzorganisationen. Dann können Sie sicher sein, dass die Bauart und die Materialien geeignet sind.

NISTKÄSTEN AUFHÄNGEN

Hängen Sie Nistkästen im Herbst in 2–4 m Höhe an Mauern, Zäune oder Baumstämme. Offene Kästen für Rotkehlchen und Zaunkönige sollten niedriger und von Grün verdeckt hängen. Verwenden Sie zum Aufhängen an Bäumen Draht und schieben Sie Polstermaterial zwischen Stamm und Kasten. Das schont die Rinde. Nägel verletzen die Bäume. Der Eingang des Kastens sollte nicht nach Süden ausgerichtet sein, sonst wird es drinnen zu heiß. Er sollte auch nicht in Windrichtung zeigen. Kippen Sie den Kasten leicht nach vorne, damit Wasser nicht vom Dach in den Eingang läuft. Kästen sollten nicht zu nah nebeneinander hängen. Auch sollten sich Katzen oder andere Nesträuber nicht in der Nähe verstecken können.

Hängen Sie Nistkästen windgeschützt im Halbschatten auf.

DISTANZ WAHREN

Vermuten Sie, dass ein Nest oder Nistkasten bewohnt ist, widerstehen Sie der Versuchung, sich zu nähern und hineinzusehen. Das verängstigt die erwachsenen Vögel. Im schlimmsten Fall lassen sie ihre Brut im Stich. Sobald die Jungvögel geschlüpft sind, gibt es genug zu sehen: Beobachten Sie aus der Ferne, wie die Eltern Futter heranschleppen. Möchten Sie die Entwicklung der Jungvögel miterleben, bringen Sie in der Nähe eine Wildkamera an.

Kommen Sie Nestern zu nah, verängstigt das die Vogeleltern und sie lassen ihre Jungen im Stich.

JÄHRLICH PFLEGEN

Entfernen Sie im Herbst alte Nester aus den Kästen. Reinigen Sie sie dann mit kochendem Wasser von innen, um Krankheitserreger abzutöten. Lassen Sie die Kästen vollständig trocknen, bevor Sie sie wieder verschließen. Nutzen Sie keine Insektizide. Nach dem Reinigen können sie etwas Heu oder Holzhäcksel in die Kästen füllen und so Kleintieren ein Winterquartier oder Vögeln einen Schlafplatz bieten.

Entfernen Sie im Herbst altes Nistmaterial und reinigen Sie den Kasten.

GUT ZU WISSEN

Helfen Sie einem Jungvogel nicht, der auf dem Boden oder einem niedrigen Ast sitzt und nach seinen Eltern ruft. Meistens sind die Eltern ganz in der Nähe und wollen den Jungvogel ermutigen, das Fliegen und Futtersammeln zu lernen. Mischen sich Menschen ein, kann es vorkommen, dass die Eltern ihre Kinder verlassen und nicht mehr in Ihrem Garten nisten wollen. Nehmen Sie nur Jungvögel hoch, die durch Katzen oder Straßenverkehr in Gefahr sind.

EIN HEIM FÜR KLEINTIERE

Es ist uns oft gar nicht bewusst, wie viele Kleintiere in unserem Garten leben, bis wir sie zufällig unter Holzstapeln oder Steinen finden. Andere leben unter der Erde, wo sie den Boden verbessern. Auch Frösche und Kröten sieht man nur selten. Sie kommen nur aus ihren ruhigen und feuchten Verstecken, wenn sie gestört werden. Auch wenn sie klein und unbedeutend erscheinen, sind diese Lebewesen ein Teil der Nahrungskette und des Ökosystems in Ihrem Garten. Sie zu unterstützen, ist genauso wichtig wie Lebensräume für größere und vermeintlich schönere Tiere wie Vögel zu schaffen.

Asseln sind nützlich, denn sie bauen abgestorbene Pflanzen ab, was den Boden nährstoffreicher macht.

VERSTECKTES LEBEN

Insekten und kleine Wirbellose stellen den größten Anteil der Tiere im Garten. Die meisten leben jedoch für uns unsichtbar oder kommen nur im Dunkeln aus ihren Verstecken. Wer genauer hinsieht, entdeckt vielfältiges Leben: Heben Sie Totholz oder Tontöpfe hoch und beobachten Sie, wie Asseln und Käfer schnell wieder ins Dunkle krabbeln. Oder graben Sie etwas in der Erde, um zu sehen, welche Insekten und Würmer darin leben. Bestimmt leben auch Mäuse auf Ihrem Grundstück. Oft verraten sie nur Fraßspuren an Früchten oder angeknabberte Blumenzwiebeln. Alle diese Lebewesen sind Teil des Ökosystems.

WILDWUCHS ERLAUBEN

Die beste Möglichkeit, Tiere zu unterstützen sind Gartenecken, in denen es etwas wilder zugehen darf. Lassen Sie in ruhigen Bereichen hinter einem Schuppen oder der Garage das Gras lang werden und Unkräuter wachsen. So entstehen ideale Lebensräume für Amphibien, kleine Reptilien und viele Insektenarten. Lassen Sie Walderdbeeren wachsen, um kleine Nagetiere zu unterstützen und sammeln Sie Fallobst nicht auf. Schmetterlinge, Käfer und Wespenkönigen nutzen es, um Energiereserven anzulegen, bevor der Winter kommt.

Mit heimischen Pflanzen entstehen Lebensräume für Kleintiere.

LEBENSRAUM TOTHOLZ

Viele Gartenbewohner leben in oder von absterbendem oder totem Holz. Mit verrottenden Stämmen und Gehölzschnitt bieten Sie ihnen Nahrung und Lebensraum. Gestalten Sie an einem feuchten Platz einen Holzstapel aus liegenden und stehenden Stämmen (S. 124). Das verrottende Holz lockt Käfer, Hundertfüßer und Marienkäfer an, die gemeinsam Schnecken und Blattläuse fressen und so als natürliche Schädlingskontrolle dienen. Auch überwinternde Frösche, Kröten und Molche lieben solche Holzstapel und Laubhaufen, denn sie sind dort geschützt und finden reichlich Nahrung.

Kröten helfen, den Schneckenbestand unter Kontrolle zu halten.

Auch Asseln, Ameisen und andere Wirbellose werden in den Holzstapel einziehen und das Nahrungsangebot für Vögel erweitern.

KLEINSÄUGER BEHERBERGEN

Neben winzigen Insekten können Sie auch etwas größere Tiere in ihren Garten einladen. Waldmäuse und Wühlmäuse sind meist nachtaktiv, lassen sich aber manchmal auch an Sommerabenden blicken. Sie fressen zwar auch Samen von Zier- und Nutzpflanzen, aber es kann sich trotzdem lohnen, sie im Garten willkommen zu heißen, denn sie fressen auch Samen von Unkräutern und sind eine wichtige Nahrungsquelle für Füchse, Eulen und andere Raubvögel. Bepflanzen Sie naturbelassene Gartenecken mit Pflanzen, die Kleinsäuger mögen. Dann verschonen sie Ihre geliebten Blumen und Hülsenfrüchte. In Hecken, Sträuchern und Bäumen können sie Nester bauen.

Spitzmäuse haben eine lange dünne Nase und siedeln sich in Gärten mit Bäumen und hohem Gras an, die ihrem natürlichen Lebensraum ähneln. Sie sind Freunde des Gärtners, denn sie haben Heißhunger auf pflanzenschädigende Insekten und Schnecken.

DAS GEHEIME LEBEN DER HIRSCHKÄFER

Hirschkäfer gehören zu den größten Käferarten. Ihren Namen verdanken sie den bedrohlich wirkenden Oberkiefern (Mandibeln) der männlichen Tiere, die an Hirschgeweihe erinnern. In Europa sind sie gefährdet, denn ihre Lebensräume schwinden. Experten zufolge sind auch in den USA viele Arten bedroht. Sie können im Garten dazu beitragen, dass sich ihr Bestand wieder erholt. Hirschkäfer legen ihre Eier unterirdisch. Die Larven ernähren sich von totem und absterbendem Holz. Lassen Sie also Baumstümpfe stehen und bauen Sie Holzstapel. Hirschkäfer bleiben je nach Wetter bis zu sieben Jahre im Larvenstadium. Dann bilden sie im Boden Kokons, in denen sie sich verpuppen und zu Käfern werden. Einmal geschlüpft, ernähren sie sich von Pflanzensaft und Fallobst. Sie paaren sich im Sommer und sterben vor dem Winter. Manchmal sieht man männliche Käfer, die sich in der Sonne aufwärmen, bevor sie auf Partnersuche gehen.

Hirschkäfer schlüpfen nach sieben Jahren, pflanzen sich fort und sterben wenige Wochen oder Monate später.

Spitzmäuse fressen vielleicht ein paar Samen, sind aber eine wertvolle Nahrungsquelle für Eulen und andere Raubvögel.

INSEKTENHOTELS BAUEN

Um Bienen und Insekten einen Unterschlupf zu bieten, können Sie Insektenhotels kaufen. Sie können sie aber auch ganz einfach selber bauen. Legen Sie einen Holzstapel an oder funktionieren Sie alte Flaschenkisten oder Tontöpfe zu Insektenhotels um, indem Sie sie mit Naturmaterialien füllen. So finden zahlreiche Insektenarten Schutz und einen Ort zum Überwintern.

Ein Holzstapel in einer ruhigen Ecke bietet vielen nützlichen Insekten Schutz.

DEN PERFEKTEN HOLZSTAPEL BAUEN

Holzstapel sind ein idealer Lebensraum für viele Insektenarten (S. 122) und sie sind leicht zu bauen. Den meisten Arten nutzen etwa 10 cm dicke Äste von Eschen, Eichen, Buchen und Birken, die noch Rinde haben. Auch Holz von heimischen Gehölzen ist geeignet. Legen Sie die Äste an einem halbschattigen Platz auf den Boden. In tiefem Schatten ist es für die meisten Arten zu kalt. Es sollten keine lebenden Gehölze in der Nähe sein, denn in dem Altholz können Krankheitserreger stecken. Legen Sie kleinere Äste und Stammstücke zwischen die Zweige. Haben Sie den Platz dafür, integrieren Sie auch stehende Stämme mit unterschiedlichem Durchmesser und graben Sie diese etwa 45–50 cm tief ein.

Haben Sie keinen eigenen Gehölzschnitt, fragen Sie bei Landschaftsgärtnern nach. Sammeln Sie kein Holz aus Wäldern, denn sie sind ein wichtiger Teil dieser Ökosysteme.

Hohle Stängel in einem Tontopf reichen für die meisten Insekten aus.

NISTMÖGLICHKEITEN FÜR SOLITÄRBIENEN

Anders als Honigbienen und Hummeln leben Solitärbienen nicht in Völkern. Sie bauen einzelne Nester in hohle Stängel oder Löcher im Boden. Die Mauerbiene legt zum Beispiel jedes ihrer Eier auf einen Pollenball, baut dann eine Trennwand aus Matsch und wiederholt dies so oft, bis der Hohlraum fast gefüllt ist. Einige Zellen bleiben meist frei. Wenn die Larven schlüpfen, ernähren sie sich von den Pollen. Nach einigen Wochen verpuppen sie sich und werden zu adulten Bienen, bevor sie überwintern. Im Frühjahr pflanzen sie sich fort und der Kreislauf beginnt von Neuem. Nach der Winterruhe leben adulte Bienen nur 10–12 Wochen.

Studien haben gezeigt, dass eine Mauerbiene 120-mal mehr Blüten bestäubt als eine Honigbiene. Aus Stängeln mit Hohlräumen von 2–10 mm Durchmesser können Sie Nistmöglichkeiten für Solitärbienen bauen. Bambustriebe und Pflanzen wie Sommerflieder, Karamellbeere (*Leycesteria formosa*), Patagonisches Eisenkraut (*Verbena bonariensis*) und Brombeeren sind ideal. Legen Sie die Stängel in einen Terrakottatopf, den Sie an einer sonnigen und geschützten Stelle an einem Zaun, einer Mauer oder einem Baum aufhängen. Achten Sie darauf, dass die Eingänge leicht nach unten zeigen, damit kein Wasser in die Röhren läuft.

EIN INSEKTENHOTEL AUS EINER FLASCHENKISTE

Dieses selbstgebaute Multifunktions-Insektenhotel eignet sich für verschiedene Insektenarten – überwinternde Florfliegen und Marienkäfer, aber auch Solitärbienen und Wespen auf Nistplatzsuche.

SIE BRAUCHEN hohle Stängel, Moos, trockenes Laub, Kiefernzapfen und andere Naturmaterialien • Flaschenkiste aus Holz • Farbe (optional) • Hammer • Edelstahlnägel • Bilderhaken • Holzrest und Schieferschindeln für das Dach (optional) • Bohrmaschine und Bohrer in verschiedenen Größen • Baumscheibenstücke • kleine Tontöpfe• Tonscherben • Holzwolle aus unbehandeltem Holz

1 Sammeln Sie Naturmaterialien, um das Hotel zu füllen. Entfernen Sie den Deckel der Flaschenkiste. Möchten Sie das Holz bemalen, verwenden Sie ökologisch unbedenkliche, geruchlose Farben, die für Tiere unschädlich sind.
2 Befestigen Sie den Bilderhaken mit einem Nagel an der Kiste. Mit etwas handwerklichem Geschick können Sie aus Holzresten ein Dach als Regenschutz bauen oder eine Schieferschindel oben auf die Kiste nageln.
3 Bohren Sie mehrere Löcher, die verschiedene Durchmesser zwischen 2–10 mm haben sollten, in drei unterschiedlich geformte Baumscheibenstücke. Füllen Sie kleine Tontöpfe mit Tonscherben, Holzwolle und Laub.
4 Füllen Sie die Holzkiste mit den hohlen Stängeln, den Tontöpfen, den angebohrten Baumscheibenstücken, Moos, Laub und Kiefernzapfen. Hängen Sie das Insektenhotel an einem geschützten und sonnigen Ort an eine Wand oder einen Zaun. Bringen Sie es mindestens 1 m über dem Boden an.

1

2

3

4

GUT ZU WISSEN

- Entfernen Sie am Ende des Sommers Stängel mit verschlossenen Hohlräumen aus dem Vorjahr. Sie enthalten wahrscheinlich tote Bienen.
- Ersetzen Sie die Baumscheibenstücke im zweiten Jahr, sobald die Bienen ausgezogen sind. So verhindern Sie, dass sich Pilze, Milben und andere Schädlinge und Krankheitserreger ansiedeln.
- Achten Sie beim Kauf eines Insektenhotels darauf, dass das Modell geeignet ist. Kaufen Sie möglichst in Fachgeschäften oder bei Naturschutzorganisationen.

PFLANZEN FÜR BESTÄUBER

Erwecken Sie Ihren Garten mit Bienen, Faltern, Schwebfliegen und anderen bestäubenden Insekten zum Leben. Diese nützlichen Tiere sorgen dafür, dass Pflanzen Samen und Früchte ansetzen und tragen zur Entstehung eines gesunden Ökosystems in Ihrem Garten bei. Die Larven von Schwebfliegen und anderen Bestäubern halten Schädlinge wie Blattläuse in Schach und dienen Vögeln als Nahrung. Der Bestand an Bestäubern ist durch Insektizide und Krankheiten weltweit zurückgegangen. Mit zusätzlichen Futterquellen kann dem Einhalt geboten werden.

STOCKROSE *ALCEA ROSEA*

HÖHE UND BREITE 2 × 0,6 m
BODEN durchlässig
WINTERHÄRTE winterhart
STANDORT ☼

Die imposante Cottagegarten-Staude hat dicke Stiele mit haarigen, gelappten Blättern und große, becherförmige Blüten. Bienen und andere Bestäuber lieben die zweijährige oder kurzlebige Staude, die in Schattierungen von Violett, Rot, Pink, Gelb und Weiß blüht. Setzen Sie Stockrosen weiter hinten in das Staudenbeet und stützen Sie die Stiele an exponierten Standorten. Verstecken Sie Blätter mit Rostflecken zwischen anderen Stauden. Der Pilzbefall mindert die Blühfähigkeit der Pflanze kaum.

Im Sommer sind die hohen Stängel und die großen Blüten ein beeindruckender Anblick.

NICKENDER LAUCH *ALLIUM CERNUUM*

HÖHE UND BREITE 50 × 20 cm
BODEN durchlässig
WINTERHÄRTE winterhart
STANDORT ☼

Zierliche, pinke Blüten über schmalem, grünem Laub schmücken diese Zierlauchart im Sommer. Die kleinen Zwiebeln finden zwischen anderen insektenfreundlichen Pflanzen Platz. Auf durchlässigem Boden wächst Nickender Lauch problemlos. Nach der Pflanzung im Herbst erscheinen die Blüten ab dem folgenden Jahr immer wieder. Mit der Zeit breitet sich die Pflanze durch Brutzwiebeln und Samen selbst aus. Entfernen Sie überzählige Jungpflanzen im Frühjahr.

Fontänen glöckchenförmiger Blüten setzen im Sommer elegante Akzente.

KNOLLIGE SEIDENPFLANZE *ASCLEPIAS TUBEROSA*

HÖHE UND BREITE 90 × 45 cm
BODEN durchlässig
WINTERHÄRTE winterhart bis -10° C
STANDORT ☼

Die nektarreiche Staude zieht Schmetterlinge an, ist aber auch bei anderen Bestäubern beliebt. Die Schirme aus kleinen, leuchtend orangeroten oder goldgelben Blüten stehen auf hohen, stabilen Stielen über schmalen, grünen Blättern und liefern von Hochsommer bis Spätherbst Nahrung. Aus ihnen reifen ungewöhnlich aussehende Samenstände, die mit weichen Fasern gefüllt sind. Pflanzen Sie die Seidenpflanze in Staudenbeete oder Mischrabatten oder setzen Sie sie als Blickpunkte in Wiesenflächen.

Farbenfroh leuchtende Blüten bilden einen starken Kontrast zum dunklen Laub.

SOMMERFLIEDER *BUDDLEJA DAVIDII*

HÖHE UND BREITE bis 3 x 5 m
BODEN durchlässig
WINTERHÄRTE winterhart
STANDORT ☼ ◑

Den Sommerflieder kennt man von Straßenrändern oder Gleisanlagen. Er hat der Tierwelt viel zu bieten. Viele Falterarten werden von ihm angezogen, aber auch Bienen und andere Bestäuber laben sich an den langen, röhrenförmigen, duftenden Blüten, die im Sommer erscheinen. Die Blütenfarben reichen von dunklem Violett über leuchtendes Pink bis zu Rosa und Weiß. Setzen Sie Sommerflieder an Grundstücksgrenzen oder in Mischrabatten. Ein starker Rückschnitt im Februar führt zu üppiger Blüte.

'Nanho Purple' ist eine kompakt wachsende Sorte mit dichten Blütenrispen.

SOMMERHEIDE *CALLUNA VULGARIS*

HÖHE UND BREITE 20 x 35 cm
BODEN durchlässiger, saurer Boden/Moorbeeterde
WINTERHÄRTE winterhart
STANDORT ☼

In Mooren herrscht ein Summen und Schwirren, wenn die Heide im Hochsommer ihre duftenden Blüten öffnet. In Gärten mit saurem Boden (S. 41) können Sie diesen Effekt ebenfalls erzielen. Die pinken oder zartvioletten Glockchenblüten stehen über den immergrünen Trieben. Gezüchtete Sorten blühen in dunklem Pink, Rot und Weiß. Nutzen Sie Sommerheide als Bodendecker. Schneiden Sie die Blütentriebe auf etwa 2,5 cm Länge über dem alten Holz zurück. So bleibt die Heide buschig.

Die weißen Blüten der Sorte 'Alicia' halten vom Sommer bis in den Herbst.

WIESENSCHAUMKRAUT *CARDAMINE PRATENSIS*

HÖHE UND BREITE 40 x 30 cm
BODEN feucht, aber durchlässig
WINTERHÄRTE winterhart
STANDORT ◑ ●

Diese schöne Staude ist meist auf kühlen, schattigen Flächen in der Nähe von Gewässern zu finden. Sie bildet eine Rosette aus geteilten Blättern und vom Frühling bis Frühsommer aufrechte Stiele mit kleinen Büscheln aus hellrosa oder weißen Blüten. Setzen Sie die Pflanzen in Streifen unter Bäumen auf sumpfigen Böden oder Feuchtwiesen, an schattige Teichufer oder in Sumpfbeete (S. 115). Säen Sie Wiesenschaumkraut in Töpfe oder, sobald es etwas wärmer ist, direkt an den Wunschort.

Die zarten Blüten des Schaumkrauts ziehen Bestäuber an kühle, schattige Plätze.

KORNELKIRSCHE *CORNUS MAS*

HÖHE UND BREITE bis 4 x 4 m
BODEN durchlässig/feucht, aber durchlässig
WINTERHÄRTE winterhart
STANDORT ☼ ◑

Dieser laubabwerfende Strauch oder kleine Baum bringt mit kleinen, leuchtend gelben Blüten an kahlen Trieben Farbe in den winterlichen Garten und bietet früh schwärmenden Bestäubern eine willkommene Nahrungsquelle. Das grüne, ovale Laub erscheint im Frühjahr und färbt sich im Herbst rot, nachdem die kirschähnlichen Früchte ausgereift sind. Das pflegeleichte Gehölz gedeiht auf fast allen Böden und eignet sich als Hintergrundpflanze für Früh- oder Herbstblüher.

Gelbe Blüten an kahlen Zweigen entfalten im winterlichen Garten ihre Wirkung.

COSMEA *COSMOS BIPINNATUS*

HÖHE UND BREITE 90 x 60 cm
BODEN durchlässig/feucht, aber durchlässig
WINTERHÄRTE frostempfindlich
STANDORT ☼

Wenige Einjährige sind so leicht zu ziehen wie Kosmeen. Mit ihren freundlichen Blüten passen sie in Beete, aber auch in Kübel auf die Terrasse. Das filigrane Laub bildet einen schönen Kontrast zu den kompakten Blüten, die sich vom Sommer bis zu den ersten Frösten öffnen, wenn man welke Blüten regelmäßig entfernt. Kosmeen blühen je nach Sorte in Rot, Pink, Gelb oder Weiß. Für Bestäuber sind ungefüllte oder einfach gefüllte Blütenformen geeignet. Setzen Sie Kosmeen nach den letzten Frösten ins Freie.

Weiße Sorten blühen den ganzen Sommer und wirken elegant.

FRÜHLINGSKROKUS *CROCUS VERNUS*

HÖHE UND BREITE 10 x 5 cm
BODEN durchlässig
WINTERHÄRTE winterhart
STANDORT ☼

Diese mehrjährigen Zwiebelpflanzen sind die Vorboten des Frühlings. Ihre hohen Blüten erscheinen zum Beginn der Jahreszeit, wenn die ersten Bestäuber zu schwärmen beginnen. Krokusse blühen in Violett, Pink, Gelb und Weiß und haben auffällige, orange Staubgefäße, an denen die Pollen sitzen. Manche Sorten sind gestreift oder marmoriert. Pflanzen Sie die Knollen gruppenweise im Herbst in Rasenflächen, Steingärten oder an Beetränder. Auch flache, mit sandiger Erde gefüllte Gefäße sind geeignet.

'Pickwick' ist eine frühblühende Sorte mit violettweißgestreiften Blüten.

DAHLIE (UNGEFÜLLT) *DAHLIA*

HÖHE UND BREITE 1 x 0,45 m
BODEN durchlässig/feucht, aber durchlässig
WINTERHÄRTE winterhart bis -5°C
STANDORT ☼

Die ungefüllten oder päonienblütigen Gruppen dieser Knollenpflanze sind bei vielen Bestäubern beliebt. Achten Sie beim Kauf darauf, dass die gelben Staubgefäße zu sehen sind, denn bei dicht gefüllten Sorten, sind die Pollen für Bestäuber nicht erreichbar. Verwenden Sie Dahlien in Beeten oder in großen Pflanzenkübeln auf der Terrasse. Keimen Sie die Knollen im Vorfühling in Töpfen vor und setzen Sie sie nach den letzten Frösten ins Freie oder später im Frühjahr direkt ins Beet.

'Bishop of Llandaff' hat dunkle Blätter und bis zum Frost leuchtend rote Blüten.

FINGERHUT *DIGITALIS PURPUREA*

HÖHE UND BREITE 1,5 x 0,5 m
BODEN durchlässig/feucht, aber durchlässig
WINTERHÄRTE winterhart
STANDORT ☼ ◑

Der Fingerhut ist zweijährig. Er bildet im ersten Jahr eine Blattrosette und blüht im zweiten Jahr. Manchmal blühen einzelne Pflanzen auch mehrere Jahre. Am passenden Standort sät Fingerhut sich selbst aus. Die stattlichen Pflanzen haben behaartes, ovales Laub und hohe Stiele voller rosa bis violetter Blüten. Kaufen sie Pflanzen oder ziehen Sie sie im Vollfrühling vor. Setzen Sie sie mit anderen Waldpflanzen wie Farnen und Christrosen unter schattenspendende Bäume.

Die gefleckten Blüten des Fingerhuts leiten Bienen zu den Nektar- und Pollenvorräten.

PURPURSONNENHUT *ECHINACEA PURPUREA*

HÖHE UND BREITE bis 1 × 0,5 m
BODEN durchlässig
WINTERHÄRTE winterhart bis -15° C
STANDORT ☼ ◐

Der Purpursonnenhut mit seinen schmalen Blättern und pinken Korbblüten auf stabilen Stielen ist bei Faltern und Bienen beliebt. Er blüht von Frühsommer bis Frühherbst und hält reichlich Pollen und Nektar bereit. Vögel lieben seine Samenstände. Auch dunkle und weiße Sorten sind erhältlich. Setzen Sie mehrere Exemplare in breiten Streifen in Mischrabatten oder zwischen Ziergräser. Lassen Sie die Samenstände den Winter über stehen. Ein Rückschnitt im Frühjahr sorgt für kräftigen Wuchs.

Der Purpursonnenhut wird wegen seiner Blütenmitte auch Igelkopf genannt.

WINTERLING *ERANTHIS HYEMALIS*

HÖHE UND BREITE 10 × 20 cm
BODEN feucht, aber durchlässig
WINTERHÄRTE winterhart
STANDORT ☼ ◐

Die goldgelben Blüten des Winterlings bringen Freude in den Garten, wenn sonst nur wenig blüht. Er öffnet sein filigranes Blattwerk zeitgleich mit den kelchförmigen, von einem Blätterkranz umhüllten leuchtend gelben Blüten. Sie tragen im Winter Pollen über viele Wochen. Setzen Sie die mehrjährige Pflanze mit anderen für den Winter geeigneten Arten wie Schneeglöckchen und Krokus unter Bäume oder in Beete. Ideal ist ein Standort, der auch im Sommer immer leicht feucht ist.

Winterlinge sind mit ihren goldgelben Blüten ein Lichtblick an grauen Wintertagen.

SCHACHBRETTBLUME *FRITILLARIA MELEAGRIS*

HÖHE UND BREITE 30 × 10 cm
BODEN durchlässig/feucht, aber durchlässig
WINTERHÄRTE winterhart bis -15° C
STANDORT ☼ ◐

Ihren deutschen Namen verdankt die Schachbrettblume ihren karierten Blütenglöckchen, die an ein Schachbrett erinnern. Sie hat schmale, lineal zugespitzte, graugrüne Blätter, aber die eleganten Blüten machen den Reiz dieser Staude aus. Sie sind bei Bienen beliebt. Pflanzen Sie die zierliche Zwiebelblume im Herbst an einen Platz, an dem der Boden auch im Sommer nie vollständig austrocknet. Falls Sie damit keinen Erfolg haben, kaufen Sie im Frühjahr vorgezogene Pflanzen.

Die Schachbrettblume passt gut zu Ziergräsern oder in Blumenwiesen.

STORCHSCHNABEL *GERANIUM MACULATUM*

HÖHE UND BREITE 70 × 50 cm
BODEN durchlässig/feucht, aber durchlässig
WINTERHÄRTE winterhart
STANDORT ☼ ◐

Diese pflegeleichte Staude für Garteneinsteiger bildet Horste gelappter Blätter und schon bald dichte Teppiche. Vom Vollfrühling bis zum Frühsommer trägt sie jede Menge pollenreiche, blassrosa Blüten mit hellem Auge, die auf dünnen Stielen über den Blättern stehen. Schneiden Sie die Pflanze nach der Blüte zurück, bildet sich neues Laub und eine zweite Blüte im Frühherbst. Verwenden Sie diese Storchschnabelart im vorderen oder mittleren Bereich von Mischrabatten oder unter Bäumen.

Die hellen Blüten dieser Storchschnabelart öffnen sich über dekorativen Blättern.

SONNENBRAUT *HELENIUM*

HÖHE UND BREITE 1 × 0,5 m
BODEN feucht, aber durchlässig
WINTERHÄRTE winterhart
STANDORT ☼

Sonnenbräute bringen lebhafte Farben in die Beete. Von Hochsommer bis Frühherbst – manche Sorten blühen auch früher – sitzen rote, orange oder gelbe Blüten auf den hohen Stielen der Mehrjährigen. Breite Streifen wirken am besten. Bei Platzmangel eignen sich Pflanzgruppen. Hohe Sorten brauchen eine Stütze. Die Blüten enthalten reichlich Nektar und Pollen. Schneiden Sie die Samenstände erst im Frühjahr zurück. Sie ernähren Vögel und Insekten überwintern darin.

'Sahin's Early Flowerer' ist eine frühe Sorte, die bis in den Herbst hinein blüht.

ECHTER LAVENDEL *LAVANDULA ANGUSTIFOLIA*

HÖHE UND BREITE 60 × 75 cm
BODEN durchlässig
WINTERHÄRTE winterhart bis -15° C
STANDORT ☼

Die Wildart ist im Sommer ein Bienen- und Faltermagnet. Sie hat über mehrere Wochen violettblaue, duftende Blüten, die über dem aromatischen, graugrünen Laub stehen. Echter Lavendel eignet sich für niedrige Hecken und Beetkanten. Schneiden Sie die Pflanzen nach der Blüte im Sommer und ein zweites Mal im Frühjahr zurück. So bleiben sie buschig und vital. Auf durchlässigen Standorten verträgt Echter Lavendel leichte Minusgrade, Kälte in Kombination mit Feuchtigkeit bekommt ihm jedoch nicht.

Blühender Lavendel überzieht sommerliche Gärten mit einem violetten Schleier.

SPIEGELEIBLUME *LIMNANTHES DOUGLASII*

HÖHE UND BREITE 15 × 15 cm
BODEN durchlässig/feucht, aber durchlässig
WINTERHÄRTE winterhart bis -15° C
STANDORT ☼

Diese pflegeleichte Einjährige bildet dichte Teppiche aus feingliedrigen, hellgrünen Blättern und im Sommer und Herbst unzählige, leicht duftende, weiße Kelchblüten mit gelber Mitte. Sie ziehen Bienen und Schwebfliegen an. Schwebfliegen und ihre Larven fressen Blattläuse. Säen Sie die Spiegeleiblume im Frühjahr in den vorderen Bereich von Beeten, in Steingärten oder in Kübel, die sie später frostfrei überwintern können. An einem sonnigen Ort mit dem passenden Boden sät sie sich selbst aus.

Die gelbweißen Blüten ziehen viele verschiedene Insektenarten an.

WALDGEISSBLATT *LONICERA PERICLYMENUM*

HÖHE UND BREITE 7 × 2 m
BODEN feucht, aber durchlässig
WINTERHÄRTE winterhart
STANDORT ☼ ◑

Die laubabwerfende Kletterpflanze ist wegen ihrer abends sehr intensiv duftenden Blüten beliebt. Diese ziehen viele Bestäuber an, darunter auch Nachtfalter. Die röhrenförmigen, pinkweißen Blüten erscheinen von Vollfrühling bis Frühsommer. In heißen Sommern reifen daraus essbare, rote Früchte. Lassen Sie das Waldgeißblatt entlang von Zäunen oder Mauern oder in Gehölze ranken. Manchmal blüht es im Sommer noch einmal. Ein Rückschnitt nach der ersten fördert die zweite Blüte.

Duftende Blüten zwischen frischgrünen Blättern bedecken die gewundenen Triebe.

INDIANERNESSEL *MONARDA DIDYMA*

HÖHE UND BREITE 90 × 45 cm
BODEN feucht, aber durchlässig
HARDY winterhart
STANDORT ☼ ◑

Die auch als Goldmelisse bekannte, dekorative Staude bildet aromatische, spitz-ovale Blätter und von Sommer bis Herbst rote, violette oder pinke, pollenreiche, quirlförmige Blüten. Achten Sie darauf, dass der Standort ausreichend feucht ist, sonst werden Indianernesseln schnell von Mehltau befallen. Eine Alternative ist die Wahl resistenter Sorten. Setzen Sie Indianernesseln in Gruppen mittig in Staudenbeete oder mit anderen insektenfreundlichen Stauden und Gehölzen.

'Cambridge Scarlet' trägt ab dem Sommer schmucke, leuchtende Blüten.

TRAUBENHYAZINTHE *MUSCARI ARMENIACUM*

HÖHE UND BREITE 15 × 5 cm
BODEN durchlässig/feucht, aber durchlässig
WINTERHÄRTE winterhart
STANDORT ☼ ◑

Das grüne, grasähnliche Laub der Traubenhyazinthe erscheint zum Winterende und wird im Frühling von Ähren kleiner, mittelblauer Blüten begleitet, die bei Bienen beliebt sind. Traubenhyazinthen sind pflegeleicht. Sie bilden Brutzwiebeln und vermehren sich, was einen natürlichen Effekt erzeugt. Setzen Sie sie unter Bäume, an Beetkanten in Steingärten oder bringen Sie mit Exemplaren in Töpfen Farbe auf Terrassen und Balkone. Die oberirdischen Pflanzenteile ziehen im Sommer ein.

Traubenhyazinthen blühen mittelblau. Es gibt auch hellblaue, rosa und weiße Sorten.

BULGARISCHER LAUCH *NECTAROSCORDUM SICULUM*

HÖHE UND BREITE 120 × 25 cm
BODEN durchlässig/feucht, aber durchlässig
WINTERHÄRTE winterhart bis -15° C
STANDORT ☼ ◑

Bulgarischer Lauch hat längliche, nach Knoblauch duftende Blätter. Vom Vollfrühling bis zum Frühsommer hängen an den hohen Stielen kleine, cremefarbene, pink und grünlich gefärbte Blütenglöckchen, die bei Faltern und Bienen beliebt sind. Aus ihnen reifen Schoten heran, die in aufrechten Türmchen stehen. Die Zwiebelpflanzen wirken am besten, wenn man Sie in Gruppen pflanzt, und passen in kleine Gärten. Die Blütenstiele knicken leicht ab. Wählen Sie daher möglichst einen geschützten Standort.

Faszinierende Blüten und extravagante Samenstände sind sein Markenzeichen.

KLATSCHMOHN *PAPAVER RHOEAS*

HÖHE UND BREITE 75 × 30 cm
BODEN durchlässig
WINTERHÄRTE nicht winterhart
STANDORT ☼

Früher war diese Wildblume ein vertrauter Anblick auf Getreidefeldern. Typisch für Klatschmohn sind die leuchtend roten Blüten mit schwarzem Auge, die auf dünnen, behaarten Stielen sitzen. Klatschmohnblätter sind grün und fein gefiedert. Säen Sie ihn im Herbst oder Frühling in mageren, durchlässigen Boden aus oder als Teil einer Wiesenmischung zusammen mit Gräsern und anderen Wildblumen. Damit Sie sich jedes Jahr an den Blüten erfreuen können, säen Sie Klatschmohn jährlich neu aus.

'Mother of Pearl' ist eine schöne Mischung ungefüllter und einfach gefüllter Blüten.

BIENENFREUND *PHACELIA TANACETIFOLIA*

HÖHE UND BREITE 90 x 45 cm
BODEN durchlässig
WINTERHÄRTE winterhart bis -10° C
STANDORT ☼ ◐

Die hohe, einjährige Pflanze hat feines Laub und aufrechte Blütenstiele mit dichten Büscheln lavendelblauer Blüten. Sie blüht im Sommer mehrere Monate lang und ist bei Bienen und anderen Bestäubern beliebt. Sie eignet sich als Füllstaude für Cottage- und Präriegärten oder in Kombination mit Gräsern in Blumenwiesen. Säen Sie Phacelia im Frühherbst an den Wunschort, in kühleren Regionen im Frühjahr. Bienenfreund ist eine gute Gründüngepflanze (S. 55) und sät sich selbst aus.

Der blauviolett blühende Bienenfreund ist schön anzusehen und bei Tieren beliebt.

BRANDKRAUT *PHLOMIS RUSSELIANA*

HÖHE UND BREITE 90 x 50 cm
BODEN durchlässig/feucht, aber durchlässig
WINTERHÄRTE winterhart
STANDORT ☼

In wintermilden Regionen behält die ausdauernde Staude ihr großes, stark gefurchtes, graugrünes Laub den Winter über. Im Frühsommer bildet sie Quirle hellgelber Blüten voller Pollen auf hohen Stielen sowie lanzettförmige Blätter. Aus den Blüten reifen Samenstände, die den Winter überdauern und überwinternden Insekten Unterschlupf bieten. Verwenden Sie Brandkraut in größeren Gruppen in der Beetmitte oder in Streifen in Präriebeeten. Es gedeiht in Sonne und Halbschatten.

Die gelben Blütenquirle des Brandkrauts halten mehrere Wochen lang.

ECHTE SCHLÜSSELBLUME *PRIMULA VERIS*

HÖHE UND BREITE 25 x 25 cm
BODEN feucht, aber durchlässig/Feucht
WINTERHÄRTE winterhart bis -15° C
STANDORT ☼ ◐

Sagen ihr die Bedingungen zu, sät sich die Wildform der Primel selbst aus und bringt Farbe in den Frühlingsgarten. Ihre aufrechten Stiele mit hängenden gelben Blüten erheben sich über einer Blattrosette. Die süß duftenden Blüten sind bei Bienen beliebt. Pflanzen Sie die ausdauernde Staude in Wildblumenwiesen, an Gehölzränder oder in Beete in Naturgärten. Die Samen brauchen eine Kältephase, um zu keimen. Säen Sie sie im Herbst direkt an ihren Platz oder kaufen Sie im Frühling Pflanzen.

Die klassische Wildstaude bereichert Frühlingsgärten mit ihren sonnengelben Blüten.

BLUT-JOHANNISBEERE *RIBES SANGUINEUM*

HÖHE UND BREITE 3 x 2,5 m
BODEN durchlässig/feucht, aber durchlässig
WINTERHÄRTE winterhart
STANDORT ☼

Der sommergrüne Strauch erwacht im Erstfrühling zum Leben und trägt dann hängende Büschel kleiner, pinkfarbener Blüten, aus denen blauschwarze Beeren reifen. Einige Sorten sind besonders pollenreich und blühen weiß oder dunkelrot. Das raue, gelappte Laub erscheint, sobald die Blüten sich öffnen. Pflanzen Sie Blut-Johannisbeeren in den hinteren Bereich naturnaher Beete oder an Zäune und Mauern. Ein Rückschnitt nach der Blüte hält den Strauch in Form.

'Pulborough Scarlet' mit tiefroten Blüten ist eine beliebte Sorte.

SONNENHUT *RUDBECKIA*

HÖHE UND BREITE bis 2 x 1 m
BODEN feucht, aber durchlässig
WINTERHÄRTE winterhart
STANDORT ☼ ◑

Zur Gattung *Rudbeckia* gehören einjährige Arten und ausdauernde wie *R. laciniata* und die kompakter wachsende *R. fulgida*. Beide haben grüne Blätter und aufrechte Stiele mit großen, pollenreichen Korbblüten. Ihre Blütenblätter sind gelb und orange und in der Mitte dunkelbraun oder grün. Sie öffnen sich ab dem Spätsommer und sind damit für Bestäuber ein Festmahl vor dem Winter. Pflanzen Sie Sonnenhut in großen Gruppen weiter hinten im Beet. In den Samenständen überwintern Insekten.

R. fulgida* var. *deamii bleibt klein und eignet sich eher für vordere Beetbereiche.

STEPPEN-SALBEI *SALVIA NEMOROSA*

HÖHE UND BREITE bis 50 x 30 cm
BODEN feucht, aber durchlässig
WINTERHÄRTE winterhart
STANDORT ☼

Die lange blühende Staude hat graugrüne, aromatische Blätter. Im Sommer und Herbst bildet sie violettblaue Blüten, die eine Vielzahl an Insekten anziehen, darunter Bienen und Falter. Um die Blütezeit und die Verfügbarkeit von Insektennahrung zu verlängern, schneiden Sie gegen Ende der Blühphase die Stiele zurück. Dann entstehen neue Triebe. Auch pink blühende Sorten sind erhältlich. Setzen Sie Steppen-Salbei in Gruppen mit anderen insektenfreundlichen Pflanzen und eher vorne ins Beet.

'Ostfriesland' wird nur etwa 45 cm hoch und hat eine leuchtende Blütenfarbe.

LICHTNELKE *SILENE DIOICA*

HÖHE UND BREITE 80 x 45 cm
BODEN durchlässig/feucht, aber durchlässig
WINTERHÄRTE winterhart
STANDORT ◑

In der Natur sieht man diese kurzlebige Staude mit ovalen Blättern und pinkrosa Blüten an hohen Stielen manchmal auf Waldlichtungen. Sie erblüht im Vollfrühling und lockt Falter, Schwebfliegen und Bienen an. Weibliche Pflanzen bilden Samenstände. Auf mageren Böden sät sich die Lichtnelke selbst aus und kreiert farbenfrohe, naturalistische Bilder. Verwenden Sie die anmutige Staude in mehrjährigen Wildblumenwiesen oder neben Bäumen und Sträuchern in Naturgärten.

Die offenen Blüten der Lichtnelke bereichern naturnahe Gärten.

PATAGONISCHES EISENKRAUT *VERBENA BONARIENSIS*

HÖHE UND BREITE 2 x 0,5 m
BODEN durchlässig
WINTERHÄRTE winterhart bis -10° C
STANDORT ☼

Ihre hohen Stiele mit rauen Blättern und verzweigten Büscheln kleiner, violetter, duftender Blüten, die voller Nektar und Pollen stecken, haben das Patagonische Eisenkraut beliebt gemacht. Es blüht vom Sommer bis in den Herbst und zieht viele Falter- und Bienenarten an. Vögel fressen gerne die Samen. Verwenden Sie die Staude »en masse« in Staudenbeeten oder Kiesgärten, wo sie sich selbst aussät. In sehr lehmigen Böden stirbt sie im Winter ab.

Die Büschel violetter Blüten scheinen auf den hohen Stielen zu schweben.

PFLANZEN FÜR VÖGEL UND ANDERE TIERE IM GARTEN

Viele Pflanzen sind nützlich für Tiere. Samen, Beeren, Früchte und Nüsse sind Nahrung für Vögel und Kleintiere. Bäume bieten Nist- und Rückzugsmöglichkeiten. Blühpflanzen ziehen Insekten an, die wiederum eine wichtige Eiweißquelle für junge Vögel und Säugetiere darstellen.

SCHAFGARBE *ACHILLEA MILLEFOLIUM*

HÖHE UND BREITE 60 × 60 cm
BODEN durchlässig/feucht, aber durchlässig
WINTERHÄRTE winterhart
STANDORT ☼

Die weißen Blütenschirme dieser zierlichen Pflanze, die im Sommer über mehrere Wochen auf schlanken Stielen erscheinen, sind nektarreich und ziehen Insekten an, von denen Vögel sich ernähren. Später im Jahr reifen sie zu Samenständen, die ebenfalls Vogelfutter sind. Das feine Laub trägt zum Charme der Pflanze bei. Sie passt gut in Blumenwiesen, deren Gräser den Vögeln zum Nestbau dienen. Mit Sorten in Pink, Rot oder Orange können sie sonnigen Gärten Farbe verleihen.

Die Blüten der Schafgarbe werden von Insekten besucht, von denen sich Vögel ernähren.

THUNBERG-BERBERITZE *BERBERIS THUNBERGII*

HÖHE UND BREITE 1,5 × 1,5 m
BODEN durchlässig/feucht, aber durchlässig
WINTERHÄRTE winterhart
STANDORT ☼ ◑

Diese Berberitze ist laubabwerfend und hat bedornte Triebe, an denen kleine, ovale Blätter sitzen, die im Herbst orange und rot gefärbt sind. Vögel nutzen das dichte, stachelige Geäst gerne als sicheren Platz zum Nisten. Im Frühjahr erscheinen kleine, gelbe Blüten, die Insekten anziehen. Im Herbst sitzt die Pflanze voller kleiner, roter Beeren, die von Vögeln gefressen werden. Es gibt verschiedene Formen, darunter *Berberis thunbergii* f. *atropurpurea* 'Golden Ring' mit violettem Laub.

'Golden Ring' hat violettes Laub, das im Herbst rot wird. Dann reifen auch die Früchte.

HÄNGEBIRKE *BETULA PENDULA*

HÖHE UND BREITE bis 25 × 10 m
BODEN durchlässig
WINTERHÄRTE winterhart
STANDORT ☼ ◑

Hängebirken sind wegen ihrer weißen Stämme und den überhängenden Zweigen beliebt. Sie eignen sich für mittelgroße Gärten, Sorten wie 'Youngii' auch für kleinere. Der sommergrüne Baum zieht eine Vielzahl an Insekten an. Vögel fressen diese, aber auch die Samen im Herbst sind ihnen ein Festmahl. Spechte bauen ihre Höhlen gerne in die Stämme ausgewachsener Bäume. Im Herbst bieten Birken ein umwerfendes Bild. Dann färbt sich das dreieckige Laub goldgelb.

Hängebirken haben einen lockeren Wuchs und nutzen vielen Insekten und Vögeln.

ZIERQUITTE *CHAENOMELES SPECIOSA*

HÖHE UND BREITE 1,5 x 2,5 m
BODEN durchlässig/feucht, aber durchlässig
WINTERHÄRTE winterhart
STANDORT ☼ ◑

Dieser sommer- oder wintergrüne Strauch kann gut an Zäunen oder Mauern gezogen werden. Er bildet ein dichtes, dorniges Geäst, in dem nistende Vögel und andere Tiere vor Raubtieren geschützt sind. Die Blüten im Frühjahr ziehen Insekten an, die Vögeln Nahrung bieten. Sorten mit ungefüllten Blüten sind für Tiere am nützlichsten. Es gibt sie in vielen Blütenfarben. Die Früchte werden durch Frost weicher und dienen, wenn sie heruntergefallen sind, Tieren als Nahrung.

Auf die roten, weißen oder lachsfarbenen Blüten folgen aromatische, gelbgrüne Früchte.

GOLD-WALDREBE *CLEMATIS TANGUTICA*

HÖHE UND BREITE bis 5 x 3 m
BODEN feucht, aber durchlässig
WINTERHÄRTE winterhart
STANDORT ☼ ◑

Diese pflegeleichte, sommergrüne Kletterpflanze wächst in Gehölzen oder mit einer Rankhilfe an Wänden. Sie bietet Vögeln im Sommer und Herbst Schutz. Dann trägt sie auch die goldgelben Blüten, die an kleine Laternen erinnern. Aus ihnen reifen attraktive, seidige Samenstände, die von Vögeln zum Nestbau verwendet werden. Damit die Gold-Waldrebe reich blüht, schneidet man ein Drittel der Triebe im Vorfrühling bodennah zurück, die anderen wenige Wochen später.

Die Samen von *Clematis tangutica* sind attraktiv und dienen Vögeln zum Nestbau.

MÄDCHENAUGE *COREOPSIS VERTICILLATA*

HÖHE UND BREITE 50 x 50 cm
BODEN durchlässig/feucht aber durchlässig
WINTERHÄRTE winterhart bis -15° C
STANDORT ☼ ◑

Während der Sommermonate zieht diese horstig wachsende Staude mit gold- oder blassgelben Blüten über grünen, feingliedrigen Blättern Hummeln und Tagfalter in den Garten. Vögel, darunter Distelfinken, erfreuen sich an den Samen, die nach der Blüte erscheinen. Es gibt also kaum Gründe, diese vielseitige Staude nicht zu mögen. Sie lässt sich im Frühjahr leicht aus Samen ziehen und blüht dann oft schon im ersten Jahr. Verwenden Sie sie an Beeträndern oder in großen Töpfen.

Die Blüten des Mädchenauges produzieren unzählige Samen, die Vögel gern fressen.

EINGRIFFELIGER WEISSDORN *CRATAEGUS MONOGYNA*

HÖHE UND BREITE bis 8 x 8 m
BODEN durchlässig/feucht, aber durchlässig
WINTERHÄRTE winterhart
STANDORT ☼ ◑

In Naturgärzen zählt er zu den besten Bäumen, weil er vielen Insektenarten nutzt, die Nahrung für andere Tiere sind. Das dichte und dornige Geäst bietet zudem Nistmöglichkeiten und Schutz für Tiere in der Winterruhe, darunter Kröten und Waldmäuse. Dieser Weißdorn blüht im Vollfrühling, nach der Entfaltung der kleinen, gelappten Blätter. Auf die Blüten folgen rote Früchte im Herbst, die viele Vogelarten gerne mögen.

Aus den Blütenbüscheln entstehen Früchte, die bei Vögeln beliebt sind.

SEIDELBAST *DAPHNE MEZEREUM*

HÖHE UND BREITE 1,5 x 1 m
BODEN durchlässig
WINTERHÄRTE winterhart
STANDORT ☼ ◑

Für Menschen sind alle Teile dieses sommergrünen Strauchs giftig, für Vögel ist er aber sehr nützlich. Seine stark duftenden, violettroten Blüten ziehen im Winter oder Vorfrühling früh schwärmende Insekten an. Einige Vögel, darunter Grünfinken, ernähren sich von den Büscheln roter Beeren, die der Seidelbast im Herbst trägt. Sein breiter, lockerer Wuchs passt gut in naturnahe oder waldähnliche Gärten. Die frühe Blüte sorgt für längst ersehnte Frühlingsfarben.

Die Blüten des Seidelbasts sind im frühen Frühjahr ein Segen für Bestäuber.

KUGELDISTEL *ECHINOPS RITRO*

HÖHE UND BREITE 90 x 45 cm
BODEN durchlässig
WINTERHÄRTE winterhart
STANDORT ☼ ◑

Das stachelige Laub dieser Staude und die hohen Blütenstiele, auf denen distelartige Blütenbälle sitzen, setzen im sommerlichen Garten Akzente. Ihre Blüten sind eine wertvolle Pollenquelle für Bienen, Schmetterlinge und Schwebfliegen. Im Herbst bilden sich daraus Samenstände, die bei Vögeln beliebt sind. Setzen Sie Kugeldisteln mittig oder hinten ins Staudenbeet. Unter guten Bedingungen säen sie sich selbst aus. Pflanzen Sie die Sämlinge im Frühjahr um.

Kugeldisteln bilden fantastisch schöne Blüten und reichlich Samenstände für Vögel.

ROTBUCHE *FAGUS SYLVATICA*

HÖHE UND BREITE bis 12 x 8 m
BODEN durchlässig/feucht, aber durchlässig
WINTERHÄRTE winterhart
STANDORT ☼ ◑

Lässt man den sommergrünen Baum auswachsen, ist er nur für große Gärten geeignet. Meist nutzt man ihn als Heckenpflanze oder hält ihn durch jährlichen Schnitt klein. Sein hellgrünes Laub wird im Sommer dunkler, färbt sich im Herbst rotbraun und bleibt den Winter über an der Pflanze. Vögel nisten im dichten Astwerk und ernähren sich wie Kleintiere von den Bucheckern. Schneiden Sie Rotbuchen im Winter, bevor die Vögel mit dem Nestbau beginnen.

Bucheckern sind im Herbst ein hübscher Blickfang und eine wichtige Nahrungsquelle für Vögel.

EFEU *HEDERA HELIX*

HÖHE UND BREITE 2 x 2 m
BODEN durchlässig
WINTERHÄRTE winterhart
STANDORT ☼

Efeu hat wegen seines üppigen Wuchses einen schlechten Ruf, ist für Tiere aber sehr nützlich. Die dichten, immergrünen Triebe bieten ideale Nistmöglichkeiten und Verstecke zum Überwintern für Insekten, die wiederum Vögeln als Nahrung dienen. Efeu blüht im Herbst, wenn Insekten ansonsten wenig Nektar zur Verfügung steht. Die Beeren sind bei Vögeln beliebt. Wählen Sie schwachwüchsige Sorten für Zäune oder Mauern und halten Sie sie durch einen Schnitt im Winter im Zaum.

Auch schwachwüchsige Efeuarten bieten Vögeln im Winter genügend Schutz.

SONNENBLUME *HELIANTHUS ANNUUS*

HÖHE UND BREITE bis 100 × 50 cm
BODEN durchlässig
WINTERHÄRTE nicht winterhart
STANDORT ☼

Einjährige Sonnenblumen lassen sich leicht aus Samen ziehen und sind bei Tieren und Gärtnern gleichermaßen beliebt. Ihre nektarreichen Blüten ziehen im Sommer Honigbienen, Hummeln und Schwebfliegen an. Tauben, Finken und andere Vögel schwärmen im Herbst zu den großen Samenständen. Säen Sie Sonnenblumen im Frühjahr in Töpfen aus und pflanzen Sie sie nach den letzten Frösten nach draußen. Es gibt viele Sorten in verschiedenen Größen und Gelb- bis Ockertönen.

Die riesigen Samenstände und Blüten der Sonnenblumen ziehen Vögel und Bestäuber an.

SCHLEIFENBLUME *IBERIS SEMPERVIRENS*

HÖHE UND BREITE 30 × 60 cm
BODEN durchlässig/feucht, aber durchlässig
WINTERHÄRTE winterhart bis -15 °C
STANDORT ☼

Die Blüten im Frühjahr wirken wie Spitzendeckchen, die das immergrüne Laub bedecken. Der Halbstrauch zieht Bestäuber wie Bienen und Schmetterlinge an, aber auch Schnecken und Raupen, die Vögeln als Nahrung dienen. Pflanzen Sie Schleifenblumen an Wegen oder Beeträndern oder in Kübel auf der Terrasse. Schneiden Sie die Pflanzen nach der Blüte etwas zurück. Dann bleiben sie in Form und sind im Winter wieder so buschig, dass Insekten dort Unterschlupf finden.

Zwischen Blüten und dichten Trieben sitzen Insekten, eine Lieblingsspeise für Vögel.

BUSCHIGE STECHPALME *ILEX × MESERVEAE*

HÖHE UND BREITE 3 × 2,5 m
BODEN durchlässig/feucht, aber durchlässig
WINTERHÄRTE winterhart
STANDORT ☼ ◐

Der kompakt wachsende Strauch mit blaugrünem Laub bietet Vögeln Schutz beim Nisten und ist eine gute Wahl für Biogärtner mit kleinen Gärten. Er lockt viele Insekten an, die den Vögeln genau wie die roten Beeren als Nahrung dienen. Nur weibliche Züchtungen wie 'Blue Princess' tragen Beeren. Sie brauchen eine männliche Pflanze zur Befruchtung. In Regionen, in denen im Winter häufig eisiger Wind herrscht, benötigt die Buschige Stechpalme einen geschützten Standort.

Die roten Beeren der Sorte 'Blue Princess' leuchten aus dem bläulich-grünen Laub.

EINJÄHRIGES SILBERBLATT *LUNARIA ANNUA*

HÖHE UND BREITE 90 × 50 cm
BODEN feucht, aber durchlässig
WINTERHÄRTE winterhart
STANDORT ☼ ◐

Das Silberblatt ist eine zwei- oder mehrjährige Pflanze. Im Frühling und Frühsommer trägt sie große Büschel violetter Blüten über gezahntem, herzförmigem Laub. Das Silberblatt zieht Raupen an, die von Vögeln gefressen werden. Aus den nektarreichen Blüten bilden sich flache, runde, silbrige Samenstände. Die Samen sind bei Gimpeln und anderen Vögeln beliebt. Ziehen Sie das Silberblatt im Frühjahr vor und setzen Sie es ins Freie, wenn es wärmer wird. Das Saatgut können Sie selbst sammeln.

An den Blättern des Silberblatts nagen Raupen, die wiederum Vögel ernähren.

TUPELOBAUM *NYSSA SYLVATICA*

HÖHE UND BREITE Bis 15 x 6 m
BODEN feucht, aber durchlässig, sauer
WINTERHÄRTE winterhart
STANDORT ☼ ◑

Dieser stattliche Baum ist nur für mittlere bis große Gärten geeignet. Dort ist er jedoch ein wertvolles Gehölz. Die Äste bieten Schutz und Nistmöglichkeiten. Drosseln, Seidenschwänzchen und andere Vögel lieben die kleinen, violettblauen Früchte im Herbst. Spechte suchen sich in ausgewachsenen Bäumen gerne ein Zuhause. Das schmale, ovale Laub färbt sich im Herbst wunderschön rötlich, gelb und orange. Pflanzen Sie den Tupelobaum nur, wenn Sie sauren Boden (S. 41) haben.

Vor dem Blattfall im Herbst bietet der Tupelobaum ein fantastisches Farbspiel.

VOGELKIRSCHE *PRUNUS AVIUM*

HÖHE UND BREITE bis 12 x 8 m
BODEN durchlässig/feucht, aber durchlässig
WINTERHÄRTE winterhart
STANDORT ☼

Die Vogelkirsche ist ein schöner Baum für mittelgroße Gärten. Das Laub nutzt vielen Raupenarten, die wiederum als Nahrung für Vögel dienen. Die weißen Blütenbüschel im Frühjahr sind eine Nektar- und Pollenquelle für Bienen. Im Sommer erscheinen kleine, dunkelrote Kirschen. Sie werden von Drosseln und Kleintieren gefressen. Im Herbst färben sich die ovalen Blätter orange und rot. Fällt das Laub, wird die attraktive Wuchsform und die glänzende rotbraune Rinde sichtbar.

'Sunburst' ist eine selbstfruchtende Süßkirsche mit süßen, dunkelroten Früchten.

FEUERDORN *PYRACANTHA*

HÖHE UND BREITE 2,5 x 2,5 m
BODEN durchlässig/feucht, aber durchlässig
WINTERHÄRTE winterhart
STANDORT ☼ ◑

Der deutsche Name des immergrünen Strauchs bezieht sich auf die dornigen Äste und die feuerroten Beeren im Herbst. Beide sind für Vögel und andere Gartentiere nützlich. Die harten Dornen sind ein guter Schutz für nistende Vögel und Tiere in der Winterruhe. Aber pflanzen Sie Feuerdorn an Stellen mit geringer Verletzungsgefahr, zum Beispiel in Form geschnitten an einer Mauer. Auf die pollenreichen Blüten im Frühjahr folgen als Festmahl für Vögel die roten, gelben oder orangen Früchte.

Die Früchte verleihen dem Feuerdornstrauch im Herbst Farbe.

HECHTROSE *ROSA GLAUCA*

HÖHE UND BREITE 2 x 2 m
BODEN durchlässig/feucht, aber durchlässig
WINTERHÄRTE winterhart
STANDORT ☼

Viele alte Wildrosen sind krankheitsresistent und versorgen Gartentiere reichlich mit Nahrung. *Rosa glauca* mit dunkelrot überzogenem, graugrünem Laub an gebogenen, fast stachellosen, rötlichen Trieben ist eine der schönsten. Die ungefüllten, pinken Blüten mit heller Mitte erscheinen nur kurz im Frühsommer. Aus ihnen reifen orangebraune Hagebutten, die bei vielen Vogelarten beliebt sind. Die Rose verträgt mageren Boden und passt gut in Gärten mit lockerer Gestaltung.

Die ungefüllten Blüten der *Rosa glauca* führen Vögel zu pollensammelnden Insekten.

BROMBEERE *RUBUS FRUTICOSUS*

HÖHE UND BREITE bis 2,5 x 6 m
BODEN durchlässig/feucht, aber durchlässig
WINTERHÄRTE winterhart
STANDORT ☼ ◑

Die Wildform bietet Vögeln einen idealen Lebensraum, in Gärten überwuchert sie jedoch alles, was ihr in die Quere kommt. Die schwach wüchsigeren Sorten sind besser geeignet. Bedornte Sorten bieten ebenfalls gute Nistmöglichkeiten, dornenlose sind leichter zu pflegen. Alle bilden nektarreiche Blüten, die Bestäuber anziehen, und von Spätsommer bis Frühherbst essbare Früchte, die Sie mit Vögeln teilen können. Schneiden Sie abgeerntete Triebe im Frühjahr bodennah zurück.

Brombeeren bieten Gartentieren vom Sommer bis zum Herbst ein Festmahl.

SCHWARZER HOLUNDER *SAMBUCUS NIGRA*

HÖHE UND BREITE 6 x 4 m
BODEN feucht, aber durchlässig
WINTERHÄRTE winterhart
STANDORT ☼ ◑

Der große, sommergrüne Strauch oder Kleinbaum ist ideal für naturnahe Gärten und nützlich für Vögel und andere Gartenbewohner. Seine dicht mit großen, geteilten Blättern besetzten Zweige bieten Rückzugs- und Nistmöglichkeiten. Die kleinen, schwarzen Beeren, die aus den pollenreichen Blüten des Frühjahrs reifen, sind im Herbst eine gute Nahrungsquelle: Amseln und Drosseln lieben sie. Nutzen Sie Blüten und Beeren, um daraus Sirup zu kochen. Roh sind beide schlecht verträglich.

Holunderbeeren reifen im Herbst und sind ein beliebter Snack für Vögel.

RAUBLATT-ASTER *SYMPHYOTRICHUM NOVAE-ANGLIAE*

HÖHE UND BREITE bis 1,5 x 1 m
BODEN feucht, aber durchlässig
WINTERHÄRTE winterhart
STANDORT ☼ ◑

Die Blüten von Spätsommer bis Spätherbst sind das beste Argument für diese Staude. Sie blüht je nach Sorte weiß, blau, pink oder dunkelrot und lockt viele Insektenarten in den Garten, darunter Bienen und Schmetterlinge. Die Samen sind für Vögel wie Finken eine wichtige Nahrungsquelle vor dem Winter. Je nach Sorte werden Astern unterschiedlich hoch. Wählen Sie solche, die zu Ihrem Garten passen, und gestalten Sie ein farbenfrohes Ende der Gartensaison, indem Sie sie gruppenweise pflanzen.

'Barr's Pink' schmückt sich im Frühherbst mit magentafarbenen Blüten mit gelber Mitte.

EIBE *TAXUS BACCATA*

HÖHE UND BREITE bis 12 x 8 m
BODEN durchlässig
WINTERHÄRTE winterhart
STANDORT ☼ ◑

Der immergrüne Baum mit dunklen, nadelförmigen Blättern kann gut in Form geschnitten oder durch Schnitt kleingehalten werden. Er bietet Vögeln Nahrung und Schutz, aber auch andere Gartentiere nisten in seinem dichten Geäst und fressen die roten Früchte. Diese erscheinen im Herbst an weiblichen Pflanzen, sofern eine männliche in der Nähe steht. Pflanzen Sie Eiben als Hecken oder als Hintergrund bunt bepflanzter Beete. Alle Pflanzenteile sind giftig.

Eiben tragen im Herbst dekorative rote Früchte zwischen dunkelgrünen Blättern.

REGISTER

Gefettete Zahlen verweisen auf den Haupteintrag zum Stichwort.

QUELLEN

S. 8–9 Sánchez-Bayo, F. and Wyckhuys, Kris A.G., 'Worldwide decline of the entomofauna: A review of its drivers', *Biological Conservation* (April 2019) 232: 8–27

'Outdoor Air and Pesticides', National Pesticide Information Centre, www.npic.orst.edu/envir/outair.html

S. 16–17 'Heat Island Impacts', United States Environment Protection Agency, www.epa.gov/heatislands/heat-island-impacts

S. 26–27 Jeffries, M., 'Ponds can absorb more carbon than woodland', Northumbria University, www.northumbria.ac.uk/about-us/news-events/news/ponds-absorb-carbon

Finlay, K. und McCowan, C., 'Farm ponds can act as greenhouse gas sinks in the Canadian Prairies', www.theconversation.com/farm-ponds-can-act-as-greenhouse-gas-sinks-in-the-canadian-prairies-115058

Peacock, M. et al., 'Greenhouse gas emissions from urban ponds are driven by nutrient status and hydrology', *Ecosphere*, https://esajournals.onlinelibrary.wiley.com/doi/full/10.1002/ecs2.2643

S. 48–49 'Earthworms', Garden Organic, www.gardenorganic.org.uk/earthworms

Turetsky, M. R. et al., 'Global vulnerability of peatlands to fire and carbon loss', *Nature Geoscience* (2015), 8: 11–14

S. 60–61 Son, J., 'Lawn maintenance and climate change', Princeton Student Climate Initiative, https://psci.princeton.edu/tips/2020/5/11/law-maintenance-and-climate-change

S. 80–81 'How does plastic harm the environment?' Friends of the Earth, https://friendsoftheearth.uk/plastics

'Plastics in the Garden', Garden Organic, www.gardenorganic.org.uk/plastics-garden

S. 84–85 Watts, J., 'Concrete: the most destructive material on Earth', *The Guardian*, 25 Feb 2019, www.theguardian.com/cities/2019/feb/25/concrete-the-most-destructive-material-on-earth

Lehne, J. and Preston, F., 'Making Concrete Change; Innovation in Low-carbon Cement and Concrete', Chatham House Report (2018) www.chathamhouse.org/sites/default/files/publications/research/2018-06-13-making-concrete-change-cement-lehne-preston.pdf

S. 96–97 Hawkins, J. L. et al., 'Exercise Intensities of Gardening Tasks Within Older Adult Allotment Gardeners in Wales', *Journal of Aging and Physical Activity*, 23: Issue 2, 161–168

Harrabin, R. 'Wood burners: Most polluting fuels to be banned in the home', BBC, 21 February 2020, www.bbc.co.uk/news/uk-51581817

S. 100–101 Belanger, J. D., 'Recycling Water at Home: Grey Water for the Garden' *Countryside Magazine* (February 25, 2019) https://iamcountryside.com/growing/recycling-water-grey-water-for-the-garden

S. 104–105 Thompson, K., Wildlife Gardening Forum: 'The complexity of garden food webs', www.wlgf.org/food_webs.html

'Biodiversity in Urban Gardens in Sheffield', University of Sheffield, www.bugs.group.shef.ac.uk/BUGS1/bugs1-index.html

S. 106–107 'Facts About Bees', The Soil Association, www.soilassociation.org/organic-living/bee-organic/10-facts-about-bees

'The NAPPC Honey Bee Health Task Force', Pollinator Partnership, www.pollinator.org

Centre for Biological Diversity, www.biological-diversity.org

S. 110–111 'Big Butterfly Count 2020: The Results', Butterfly Conservation, www.butterfly-conservation.org/news-and-blog/big-butterfly-count-2020-the-results

'Butterfly declines in North America and the UK', www.dw.com/en/butterfly-declines-in-the-north-america-uk/a-37688619

S. 114–115 'Biodiversity and Ecosystems', www.standfortrees.org/why-it-matters/biodiversity-ecosystems

S. 116–117 Head, S. and Thomas, A., 'Introduction to water in the garden and pond ecology', Wildlife Gardening Forum, www.wlgf.org/water_ecology.html

ADRESSEN

Folgende Webseiten und Organisationen bieten weitere Informationen zu Ökologie und Klimaschutz und den Themen dieses Buchs:

Internationaler Zusammenschluss von Umweltorganisationen
Friends of the Earth International: www.foei.org

Global agierendes österreichisches Bündnis für den Klimaschutz
www.klimabuendnis.at/

Wissenswertes rund um den Boden
Umweltbundesamt: www.umweltbundesamt.de/themen/boden-landwirtschaft

CO_2-Fußabdruck berechnen (WWF)
www.wwf.de/themen-projekte/klima-energie/wwf-klimarechner

Netzwerk für die Naturbeobachtung
www.naturgucker.info

Gärtnern neu lernen, neue Methoden entdecken, mit anderen Gärtner*innen austauschen:

Forschungsinstitut für biologischen Landbau
www.biologischgaertnern.de

Netzwerk für naturnahes Gärtnern
Hortus: www.hortus-netzwerk.de

Naturgarten-Organisationen
www.bioterra.ch
www.naturgarten.org
www.netzwerk-naturgarten.net

No-Dig-Methode
https://charlesdowding.co.uk

Informationen über den Schutz der Artenvielfalt von Tieren und Pflanzen im Garten:

Netzwerk Blühende Landschaft
www.bluehende-landschaft.de

Initiative für mehr Stadtnatur
Deutschland summt:
www.deutschland-summt.de

Informationsportal rund um die Nationale Strategie für biologische Vielfalt
Bundesamt für Naturschutz:
www.biologischevielfalt.bfn.de

Hummeln bestimmen und schützen
www.aktion-hummelschutz.de

Wildbienen bestimmen und fördern
www.wildbienen.info

Vogel- und Amphibienschutz
www.lbv-muenchen.de/unsere-themen/naturnah-gaertnern.html

Autorin Zia Allaway

DANKSAGUNG DER AUTORIN

Vielen Dank an Marek Walisiewicz von cobalt id für den Auftrag, dieses inspirierende Buch zu schreiben, und an Paul Reid für das schöne Design. Ich danke außerdem der Lektorin Diana Vowles für ihr Fachwissen, ihre Geduld und ihren Humor und Amy Slack von Dorling Kindersley für ihren Blick für Details.

DANKSAGUNG DES VERLAGES

DK dankt Oreolu Grillo und Sophie State für die ersten Konzepte für die Buchreihe sowie Margaret McCormack für die Registererstellung.

BILDNACHWEIS

Der Verlag dankt folgenden Personen und Organisationen für die freundliche Genehmigung zur Verwendung ihrer Fotos:

Alamy Stock Photo: Anton Garin 4m; blickwinkel 6m; JosephWGallagher 8ol; Jean Williamson 10ur; Miriam Heppell 11ol; Derek Harris 13ml; Annie Eagle 13ur; kris Mercer 26ul; Tim Gainey 35ol; Christina Bollen 36ul; GKSFlorapics 51or; Pavol Klimek 61mr; john t. fowler 67ur; Tim Gainey 81mr; Tim Gainey 82or; David Burton 84mr; Avalon/Photoshot License 85um; Arcaid Images 86ul; Sawangwit Muanghtai 86ur; Panther Media GmbH 87ul; Pixelot 88or; Heather Edwards 92ml; Zoonar GmbH 93or; keith burdett 94or; Goddard New Era 95or; Design Pics Inc 96ul; Francisco Martinez 97ml; Jurate Buiviene 102m; SelectPhoto 106ml; David Chapman 110ur; Anna Stowe Botanica 111ol; Theo Moye 111um; Sue Robinson 116or; Gillian Pullinger 116ml; idp wildlife collection 116ur; David Stuckel 120ml; gary corbett 121ul; Yon Marsh Natural History 122ml.

Dorling Kindersley: 123RF.com / Gunnar Pippel / gunnar3000 112ur; 123RF.com / Leonid Ikan 108or; 123RF.com / Pumidol Leelerdsakulvong 30ml; Alan Buckingham 71ur; Brian North 89ur, 99cl; Brian North / RHS Chelsea Flower Show 12or, 120or; Brian North / RHS Hampton Court Flower Show 8ur, 32ul, 52mr, 84or, 87or, 88um, 133mr, 101or, 86or; Brian North / Waterperry Gardens 24ul; Debbie Patterson / Ian Cuppleditch 25ol, 135ur; Dreamstime.com / Dave Massey / Dmass 106or; Dreamstime.com / Dfikar 108ur; Dreamstime.com / Jochenschneider 26ur; Dreamstime.com / Ker784 65o; Dreamstime.com / Richard J Thompson / Photoaged 108ol; Dreamstime.com / Valentino2 123om; iStock / Pavliha 17or; Jerry Harpur / National Trust (Erdigg) 136ur; Kim Taylor 110ml; Mark Winwood 115ml, 115ol, 115or; Mark Winwood / Ball Colegrave 72ur, 77ur, 128ol; Mark Winwood / Downderry Nursery 130or; Mark Winwood / Dr Mackenzie 21or; Mark Winwood / Hadlow College 75ul; Mark Winwood / John Hall Plants, Hindhead 127or, Mark Winwood / Marle Place Gardens and Gallery, Brenchley, Kent 127ur; Mark Winwood / RHS Chelsea Flower Show 127ol, 129ol; Mark Winwood / RHS Malvern Flower Show 74ol, Mark Winwood / RHS Wisley 9ur, 18or, 34or, 36ol, 37ul, 72or, 74or, 75ur, 76ur, 76ol, 76or, 107om, 107or, 109um, 109or, 114or, 130ol, 133ul, 133ol, 137ul, 138or; Peter Anderson 11ul, 20ul, 20or, 24mr, 32uc, 35or, 63ol, 84ul, 85or, 115mr, 122ur, 134ur; Peter Anderson / National Dahlia Collection 128ul; Peter Anderson / RHS Chelsea Flower Show 22ur; Peter Anderson / RHS Hampton Court Flower Show 22oc, 31or, 33ur, 49or, 85ml, 98um, 105ur, 105ol, 112or, 124ul; RHS Tatton Park 40or, 131ol, 135ul; RHS Wisley 35ur; Steve Hamilton / Chelsea Physic Garden, London 136ol

GAP Photos: Marcus Harpur - Design: Wendy Allen Hadlow College with Westgate Joinery 32or

Getty Images: sassy1902 30or; xavierarnau 46ml; welcomia 47ul; Natthapong Daeng Leis / EyeEm 100ol

Cover: Rückseite: Dreamstime.com: Richard J Thompson / Photoaged ml

Illustrationen: cobalt id

Alle anderen Abbildungen © Dorling Kindersley

DK | Penguin Random House

Produced for DK by COBALT ID
www.cobaltid.co.uk

Lektorat Marek Walisiewicz, Diana Vowles
Gestaltung und Bildredaktion Paul Reid, Darren Bland

DK London
Lektorat Mary-Clare Jerram, Katie Cowan, Ruth O'Rourke, Amy Slack
Gestaltung und Bildredaktion Maxine Pedliham, Christine Keilty
Umschlaggestaltung Nicola Powling, Lucy Philpott
Herstellung David Almond, Stephanie McConnell

Für die deutsche Ausgabe:
Programmleitung Monika Schlitzer
Redaktionsleitung Dr. Kerstin Schlieker
Projektbetreuung Manuela Stern
Herstellungsleitung Dorothee Whittaker
Herstellungskoordination Bianca Isack
Herstellung Sophie Schiela
Covergestaltung Sophie Schiela

Titel der englischen Originalausgabe:
Grow. Eco-gardening

Übersetzung Jutta Langheineken
Lektorat Petra Sparrer

ISBN 978-3-8310-4391-0

Druck und Bindung TBB, a.s., Slowakei

FSC www.fsc.org MIX Papier aus verantwortungsvollen Quellen FSC® C018179

www.dk-verlag.de